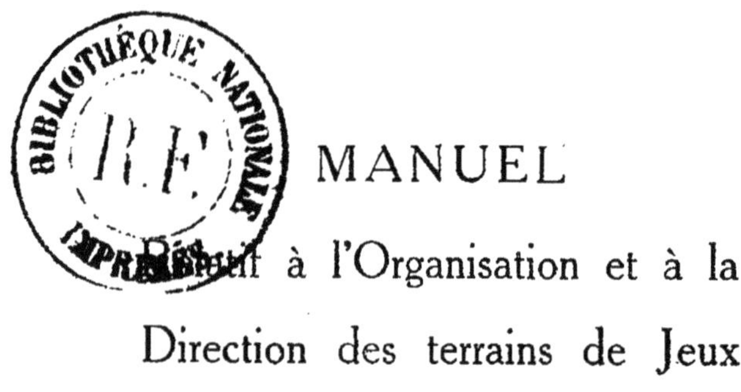

MANUEL

Relatif à l'Organisation et à la Direction des terrains de Jeux

CROIX-ROUGE AMÉRICAINE DE LA JEUNESSE

(SECTION EUROPÉENNE)

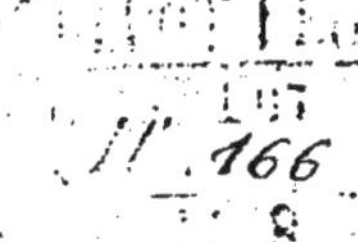

MANUEL

Relatif à l'Organisation et à la Direction des Terrains de Jeux

préparé par

Ruth M. FINDLAY
Directrice des Terrains de Jeux de la
CROIX-ROUGE AMÉRICAINE DE LA JEUNESSE

et

William A. WIELAND
Directeur-Adjoint

CAHORS, IMPRIMERIE TYPOGRAPHIQUE COUESLANT

1922

CROIX-ROUGE AMÉRICAINE DE LA JEUNESSE

(SECTION EUROPÉENNE)

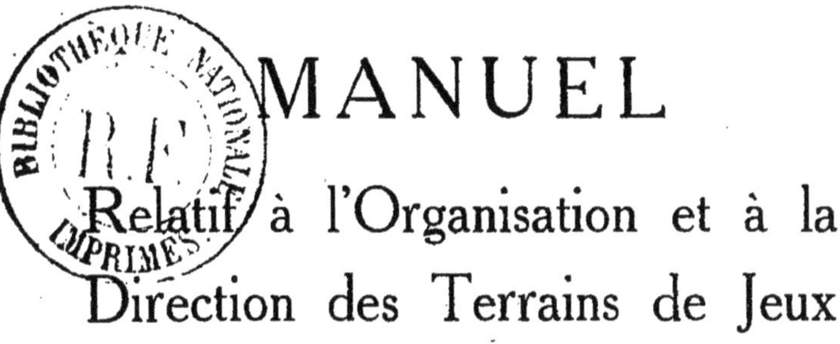

MANUEL

Relatif à l'Organisation et à la Direction des Terrains de Jeux

préparé par

Ruth M. FINDLAY

Directrice des Terrains de Jeux de la
CROIX-ROUGE AMÉRICAINE DE LA JEUNESSE

et

William A. WIELAND

Directeur-Adjoint

CAHORS, IMPRIMERIE TYPOGRAPHIQUE COUESLANT

—

1922

PRÉFACE

On nous a demandé : « Quel but poursuit la Croix-Rouge Américaine de la Jeunesse, dans sa campagne en faveur des terrains de jeux, en France, en Belgique, en Italie et en Pologne ? »

Nous ne saurions mieux ni plus complètement répondre que par un exposé succinct de la constitution et de l'objet de cette organisation :

La Croix-Rouge Américaine de la Jeunesse a pris corps pendant la guerre, aux Etats-Unis et au Canada, sous la forme d'une participation organisée des enfants à l'Œuvre entreprise pour soulager les souffrances nées de la guerre. Cette institution était, comme elle est encore à l'heure actuelle, une branche enfantine de la Croix-Rouge nationale. Ses premiers efforts ont surtout consisté à gagner les ressources nécessaires à l'achat de secours d'urgence et de douceurs pour les soldats.

Lorsque surgit la question de l'amélioration du sort des enfants réfugiés, les Juniors contribuèrent à l'Œuvre commune par des dons de vêtements, de livres, de vivres, de jouets, de matériel scolaire, et mille autres choses qu'il serait trop long d'énumérer ici.

Aux Etats-Unis, toutes les branches de la Croix-Rouge de la Jeunesse ont été organisées avec le concours des écoles. L'argent réuni n'était nullement donné par les parents, mais gagné ou épargné par les enfants eux-mêmes, soit en se privant de bonbons ou de distractions, et en versant les sommes ainsi économisées à la Croix-Rouge de la Jeunesse, soit en ramassant pour les vendre les vieux papiers, pneumatiques usagés, etc... ou bien encore en confectionnant des vêtements, de la pâtisserie, de la confiserie ou des aliments qu'ils vendaient au profit de l'Œuvre, — en organisant des spectacles, concerts, etc... et de mille autres moyens de nature à contribuer efficacement au but commun. La puissance et la valeur de cette organisation, non seulement au point de vue des résultats pratiques, mais surtout au point de vue des précieux enseignements qu'elle offrait aux enfants sur l'utile accomplissement de leur devoir civique, se firent bientôt sentir à tel point que l'idée prit une rapide extension. Il existe maintenant des Croix-Rouges de la Jeunesse dans toutes les nations suivantes : Etats-Unis, Grande-Bretagne, Italie, Chine, Tchéco-Slovaquie, Hongrie, Norvège, Pologne, Afrique du Sud, Suisse, Bulgarie et Vénézuéla ; chacune de ces institutions est une filiale enfantine de la Croix-Rouge nationale.

L'objet de la Croix-Rouge de la Jeunesse est de créer un esprit de concorde et d'entente mutuelle parmi les enfants de toutes les nations, — résultant de l'échange des idées et de la coopération dans la recherche de certains idéals. Il est évident que chaque nation, prise individuellement, n'y contribuera pas sous la même forme que sa voisine, mais, des contacts établis entre enfants jaillira une entente lumineuse, lorsque ces mêmes enfants auront atteint l'âge d'homme. L'échange des idées ne saurait manquer de provoquer une meilleure compréhension entre les nations du monde entier.

Vers le milieu de 1920, alors que la nécessité de secourir matériellement les enfants d'Europe se faisait moins sentir et passait, pour ainsi dire, à l'état de souvenir, il subsistait encore un immense besoin de secours moral et d'inspiration. La Croix-Rouge Américaine de la Jeunesse connaissait les résultats bienfaisants des terrains de jeux en Amérique, en ce qu'ils permettaient à coup sûr de rendre les enfants plus heureux et mieux portants et par là-même d'en faire de meilleurs citoyens. Comme elle avait encore à sa disposition des ressources suffisantes, elle décida de proposer en idéal aux enfants de France la croisade en faveur des terrains de jeux telle qu'elle existe actuellement aux Etats-Unis.

Dans certains cas, une fois l'emplacement donné par la Municipalité, les terrains de jeux furent installés et entretenus aux frais de la Croix-Rouge Américaine de la Jeunesse ; ailleurs, elle supportait seulement une partie des dépenses ; ailleurs encore, elle se bornait à donner des conseils techniques. Dans tous les cas, cependant, les terrains de jeux n'ont été installés que sur la demande expresse des autorités locales ; autrement dit, en aucun lieu ni en aucun cas, la Croix-Rouge Américaine de la Jeunesse n'a procédé à une installation sans y avoir été invitée.

Le but poursuivi consistait, non pas à laisser une trace tangible de son passage sous la forme d'une installation onéreuse, mais bien plutôt à créer un idéal durable sous la forme d'un mouvement actif en faveur des terrains de jeux. Des stages furent institués à cet effet qui permirent aux jeunes gens et aux jeunes filles de s'entraîner au rôle de moniteurs et de monitrices de jeux.

Après la France, la Belgique s'intéressa au mouvement, puis l'Italie et enfin la Pologne, de sorte qu'aujourd'hui chacune de ces nations possède des terrains de jeux et des moniteurs spécialement instruits qui vont partout prêchant la bonne parole. Il est toutefois regettable que le nombre de ces propagandistes soit encore trop minime en comparaison des besoins actuels.

La Croix-Rouge Américaine de la Jeunesse, par l'introduction de la propagande en faveur des terrains de jeux, n'a jamais songé à imposer les coutumes américaines, mais plutôt à offrir en exemple certaines œuvres dont l'expérience acquise avait démontré la bienfaisante influence sur l'enfance américaine ; puis, ayant formé un petit noyau de moniteurs et de monitrices dans chaque pays, elle continue à prodiguer ses conseils amicaux dans l'élaboration des plans les mieux appropriés aux besoins individuels de chaque nation.

Depuis juin 1920 jusqu'à ce jour (1er mars 1922) les installations qui suivent ont été effectuées, celles précédées d'un X, entièrement, celles précédées d'un O partiellement seulement, par les soins de la Croix-Rouge Américaine de la Jeunesse. Les moniteurs chargés de la direction de tous ces terrains de jeux ont été formés aux « stages » organisés par la Croix-Rouge Américaine de la Jeunesse.

X PARIS. — Boulevard Mortier, près de la Porte de Bagnolet.
O La Résidence Sociale, Levallois-Perret.
O Cité Jeanne-d'Arc, L'Aide Sociale des Habitations à Bon Marché de l'Assistance Publique.
O L'Union des Femmes de France, boulevard Bessières et rue de la Jonquière.
O L'Union des Familles, Œuvre de la « Zone », Porte de Versailles, Paris.
O Ecole Alsacienne, rue Notre-Dame-des-Champs, Paris.
O St-Ouen, Patronage « L'Eveil de l'Enfance ».
O Gentilly, Œuvre de l'amélioration des logements ouvriers.
O St-Denis-d'Oléron, Colonie de Vacances.
O Plage de Ris, Finistère, Colonie de Vacances.
X Reims, Terrain de jeux municipal.
X Rethel, Terrain de jeux municipal.
O Mulhouse, Résidence sociale.
O Abbeville, Sporting-Club Abbevillois.

X BELGIQUE. — Charleroi, Terrain de jeux municipal.
X La Louvière, Terrain de jeux municipal.
X Bruxelles, Terrain de jeux municipal.

O ITALIE. — Florence, Œuvre pour l'Enfance.
X Rome, Terrain de jeux municipal.

POLOGNE. — Varsovie, Croix-Rouge Polonaise.
Chestochowa, Terrain de jeux municipal.

Nous ne chercherons pas dans ce manuel à traiter de toutes les branches de l'éducation physique, mais bien plutôt à exposer la campagne en faveur des terrains de jeux telle qu'elle existe actuellement aux Etats-Unis, en commentant au passage celles des activités qui ont eu les effets les plus salutaires, et en insistant sur ce fait que le jeu constitue l'une des phases essentielles de l'éducation, et comme telle exige la surveillance d'instructeurs compétents.

La révision de notre manuel a été décidée à la suite des observations que nous avons recueillies depuis mars 1921 sur les installations de jeu en fonctionnement en France et en Belgique, et au cours des trois « stages » organisés à Paris. La Croix-Rouge Américaine de la Jeunesse répand ce manuel comme un messager amical, dans l'espoir que cette croisade pour les terrains de jeux apportera aux enfants d'Europe les mêmes bienfaits qu'aux enfants d'Amérique, une enfance plus heureuse, plus florissante, plus vigoureuse au triple point de vue physique, intellectuel et moral.

THEORIE DU JEU

Tout récemment encore, l'importance primordiale que présente le jeu pour l'enfant était singulièrement méconnue de nos éducateurs. Trop souvent, en effet, l'on a eu tendance à le considérer uniquement comme une distraction préjudiciable à la bonne marche de l'éducation, alors qu'elle en est une des bases essentielles.

Ceux qui, au cours de ces dernières années, se sont attachés plus spécialement à l'étude de l'enfance, ont formulé trois théories principales du jeu. L'une veut que l'enfant soit doué d'un surplus d'énergie que les études scolaires et les devoirs dans la famille ne suffisent pas d'ordinaire, à absorber. Le jeu constitue le dérivatif naturel de cette surabondance d'activité. Bien que cette assertion comporte en soi une certaine part de vérité, il est facile de voir qu'elle n'est pas d'une application générale, du fait que les enfants jouent souvent avec beaucoup d'énergie et d'entrain, même étant très fatigués. Il est donc clair que l'intérêt et l'ardeur d'un enfant au jeu ne proviennent pas toujours du besoin qu'il éprouve de donner libre cours à son trop-plein de force physique.

Une seconde théorie plus généralement admise veut que ce soit par l'instinct du jeu que l'enfant se prépare à l'existence adulte. Tout comme le petit chat, jouant avec une balle, courant et bondissant à la poursuite d'objets imaginaires s'entraîne à la vivacité de mouvements indispensables à sa future existence de rapine, l'enfant, dans tous ses jeux, développe les muscles qui exécuteront plus tard les mouvements nécessaires à l'accomplissement du métier qui lui permettra de gagner sa vie. Il exerce également sa pensée à la promptitude et à la précision de jugement et, de concert avec ses camarades d'équipe, se prépare à devenir une valeur sociale, en pratiquant la maîtrise de soi-même et l'obéissance aux règles établies qui font les bons citoyens.

Selon cette théorie, le jeu est un moyen naturel d'éducation. En effet, l'enfant joue toujours volontiers, même s'il est besoin de le pousser ou de le morigéner dans ses études, et apprend très vite, par le contact avec ses camarades, les mêmes vérités qu'il accepte malaisément de ses livres.

La troisième théorie prétend que le jeu est un processus par lequel l'enfant revit et personnifie l'histoire de la race. Dans ses premiers jeux il découvre le monde et sa propre force musculaire : que les planchers sont durs ; que le feu brûle ; qu'il peut lancer une balle et la rattraper. Puis il revit les chasses de l'homme primitif, dans ses jeux naïfs. Voyez plutôt la joie qu'éprouve un enfant de trois ans à chercher une personne ou un objet qui ne soient pas trop soigneusement cachés. Plus tard, il prend plaisir aux combats singuliers et finalement l'instinct agrégatif se fait jour et il s'associe avec ses camarades, dans la formation d'équipes, de clubs ou de groupes.

On se rendra facilement compte que cette dernière théorie complète la seconde plutôt qu'elle ne la réfute.

Quelle que soit la théorie du jeu à laquelle on se rallie le plus volontiers, il est un fait certain que le jeu constitue une phase essentielle de l'activité enfantine à laquelle il importe de pourvoir, avec le même sérieux que l'enfant apporte dans ses jeux, car le jeu pour lui n'est pas simplement une distraction, mais son occupation la plus profitable. Voyez plutôt l'air préoccupé de ce jeune homme alors qu'il s'efforce, en jouant au foot-ball, de toucher la balle avant que l'adversaire ne réussisse à l'atteindre. C'est qu'il ne s'agit pas là pour lui d'une distraction frivole, mais d'une tâche très sérieuse encore que volontaire, à l'accomplissement de laquelle il consacre toute sa pensée et toute sa volonté.

Si donc nous adhérons à la théorie selon laquelle le jeu est le dérivatif naturel de la suractivité chez l'enfant, il importe de pourvoir aux moyens de canaliser cette énergie « superflue » avec le maximum de sécurité tant pour l'enfant lui-même que pour ceux qui l'entourent. Car, si l'instinct du jeu chez l'enfant se manifeste sous la forme de jeux par groupes, ou du jeu dans la rue, il y a là une source potentielle de dangers à la fois pour l'enfant et pour ses voisins. De telle sorte que, même à titre purement préventif, l'organisation de facilités de jeu s'impose.

Si, d'autre part, l'on admet que le jeu est un instinct mis chez l'enfant dans un but éducatif, que par le jeu il se forme à la vie, l'on doit comprendre l'importance de pourvoir à l'organisation, à la direction et à l'équipement nécessaires pour donner à la future génération une éducation compatible avec la lutte acharnée de la vie moderne.

AVANTAGES DU JEU

Après les différentes théories du jeu nous allons en étudier les avantages, au triple point de vue physique, intellectuel et moral, non pas seulement par rapport à l'enfance elle-même, mais aussi pour l'influence qu'ils peuvent exercer sur la vie future de l'enfant.

Considérons tout d'abord les avantages physiques. Les statistiques s'accordent à démontrer qu'en dépit d'une diminution notable du pourcentage des maladies contagieuses, — diminution due aux progrès de la science préventive, — les maladies organiques sont en augmentation. Cela provient du fait que la vie moderne, par les applications sans cesse croissantes de la mécanique, et la multiplicité des occupations sédentaires, tend de plus en plus à l'usage presque exclusif des muscles secondaires, au lieu des muscles plus importants, d'où il s'ensuit que les organes du corps humain, — dont la vigueur en dépend, — perdent de leur robustesse. Il est donc nécessaire de développer chez l'enfant, par des jeux actifs et énergiques, au grand air, une musculature saine et vigoureuse. L'usage constant des muscles secondaires entraîne l'hypertension nerveuse. Il n'est pas rare aujourd'hui d'entendre parler de cas d'épuisement nerveux qui auraient pu être évités, la plupart du temps, si l'on avait pris soin de développer chez l'enfant l'instinct salutaire et vivifiant du jeu et par là-même de lui constituer une réserve de force nerveuse. Si l'habitude du jeu a été fermement implantée pendant la jeunesse, elle entraînera une réserve de force pour les années futures, réserve nécessaire à la vie moderne, et dont il importe de jeter les bases dès l'enfance, par le moyen d'exercices au grand air judicieusement dirigés.

Passons maintenant aux avantages que présente le jeu au point de vue intellectuel.

Si l'exercice vigoureux au grand air est nécessaire à la santé, il peut se trouver quelqu'un pour dire : « Mais le travail ne serait-il pas, dans ces conditions, préférable au jeu ? » Le travail est l'un des facteurs les plus précieux de l'existence ; mais il ne saurait jamais remplacer le jeu. Le travail est en effet une chose obligatoire, nécessaire ; le jeu, au contraire, est une chose que l'on accomplit avec plaisir et enthousiasme. Le travail évoque toujours l'idée d'obligation, tandis que le jeu est purement instinctif. Enseignez, par exemple, la géographie à un enfant en jouant « au voyage » et le voilà immédiatement sous le charme. Il dépassera de loin votre attente dans son zèle à se renseigner, tandis qu'avec la froide méthode livresque, ses leçons de géographie lui apparaîtront ternes et dénuées d'intérêt.

Le jeu de foot-ball exige peut-être d'un jeune homme un effort physique plus considérable que la montée d'une côte avec une charrette à bras, mais l'éclat de son regard et le rajeunissement de tout son être alors qu'en jouant il se fraye un chemin vers le but, sont indéniablement attribuables au jeu. Il se peut qu'à la fin il éprouve une certaine lassitude physique, mais, mentalement, il regarde la vie sous un jour nouveau et favorable. Lorsqu'avec la charrette il aura grimpé la côte, il sera tout aussi las, et non seulement de corps, mais d'esprit, et, de plus, fort probablement, la seule chose qu'il aura présente à l'esprit sera la perspective de la prochaine côte à monter.

Ce qu'il faudrait à notre vieux monde serait une généralisation de cet heureux esprit du joueur de foot-ball, et l'on ne saurait mieux y atteindre qu'en encourageant les jeux de la jeunesse.

Et enfin, couronnant les avantages physiques et intellectuels du jeu, parce qu'il en découle en quelque sorte, il nous reste encore à envisager l'avantage moral. La plus grande valeur du jeu à cet égard réside dans ses effets bienfaisants sur la formation du futur citoyen.

Le jeu bien dirigé comporte toujours une parfaite compréhension des règles et par là-même leur observation tacite ; l'équité aussi bien de la part des joueurs que de l'arbitre ; une chance égale pour les grands et les petits, c'est-à-dire la même mesure pour tous ; le développement de la maîtrise de soi-même qui forme les bons perdants, et de l'esprit de coopération par la formation d'équipes. Ce sont là les traits essentiels de la formation du bon citoyen, depuis la petite enfance jusqu'à l'âge d'homme.

CLASSIFICATION DES JEUX PAR INSTINCTS

Les différentes activités envisagées dans un programme d'éducation physique sont de trois sortes : 1. Celles qui proviennent purement de l'instinct naturel ; 2. Les mouvements réglés et exercices d'ensemble ; et 3. Celles qui découlent d'un certain intérêt d'ordre naturel ou industriel.

Nous donnons ci-dessous les divisions essentielles de la catégorie d'activités dont l'origine est purement instinctive :

I. Epreuves personnelles, tours de force et d'adresse.

a) Mouvements locomoteurs.
b) Tours d'adresse à terre (plancher, tapis, pelouse, etc...). Seul, avec partenaire, ou en groupe (pyramides).
c) Gymnastique, tours et jeux d'adresse avec appareils (sur appareils de terrains de jeux ou de gymnastique).

II. Actions théatrales.

a) Auditions de pièces ; saynètes.
b) Représentations théâtrales.

III. Actions rythmiques (danses).

a) Jeux chantés, jeux nationaux ou locaux.
b) Gymnastique rythmique.
c) Danses esthétiques ; danses interprétatives et expressives.
d) Danses de société.

IV. Jeux et exercices de poursuite.

A. La poursuite et ses jeux (Chat, Cache-Cache).
B. Jeux de poursuite à la balle (La Balle au Chasseur, la Balle au Bond, etc...) (A l'exclusion des jeux athlétiques et d'équipes).

V. Jeux et concours athlétiques (comportant l'attribution de points).

A. Jeux individuels. Courses et jeux sur piste, à l'intérieur sur plancher, ou en terrain découvert ; éléments enregistrables des jeux athlétiques et tours d'adresse.
B. Jeux athlétiques.
  1. Seul ou avec partenaire (Tennis, etc...).
  2. Jeux d'équipes (participation plus ou moins nombreuse).

VI. Actions combatives personnelles.

A. Sports de combat.

1. Dans les amusements et jeux.
2. Dans les exercices ou divertissements sportifs tel que la lutte, la boxe ou l'escrime avec cannes, sabres ou fleurets.
3. Matches de boxe, lutte, escrime, etc...

VII. Sports et exercices aquatiques.

A. Natation, plongée, etc...

1. Nage et plongeon.
2. Epreuves de natation :
   a) Succès individuels.
   b) Jeux d'équipes.

B. Sports nautiques (Canotage, Périssoire).

1. Rame et aviron.
2. Concours.

C. Epreuves et succès individuels.

D. Jeux d'équipes (rame et aviron).

VIII. Sports d'hiver.

A. Pièces de théâtre et jeux dans la neige.

B. Exercices locomotifs.

1. Patinage. Jeux d'adresse. Patinage de fantaisie.
2. Ski.
3. Courses de raquettes (snowshoeing).

C. Epreuves et concours.

1. Succès individuels :
   a) Patinage et saut.
   b) Ski (courses et saut).
   c) Courses de raquettes.
2. Jeux d'équipes. Jeux sur patins (Hockey, etc...).

La seconde classe comprend les exercices et mouvements d'ensemble réglés, répartis en trois catégories :

1. Locomotion étudiée, marche tactique, exercices militaires.
2. Gymnastique. Exercices et mouvements d'ensemble choisis dans un but fonctionnel.
3. Gymnastique et mouvements correctifs spéciaux.

La troisième classe comprend les exercices physiques dérivant de la nécessité ou d'un certain intérêt d'ordre naturel ou industriel, répartis en trois divisions :

1. Déplacement. Adaptation aux différents systèmes de locomotion.
2. Marche.
3. Locomotion animale ou mécanique (équitation, cyclisme, etc...).

IX. Sports de plein air (impliquant un intérêt dans la nature).

A. Formes actives.

1. Longues marches.
2. Promenades champêtres, en montagne, en forêt.
3. Excursions à byciclette.
4. Excursions en canot.
5. Chasse et pêche.
6. Equitation.

B. Formes passives.

1. Tir de précision.
2. Campement, séjours en house-boat (maisons flottantes).
3. Conduire.
4. Pêche (sans excursion).
5. Voiliers (sailing).
6. Canots-automobiles.

X. Actions industrielles (surtout chez les adultes).

Travaux manuels de force (jardinage, menuiserie, serrurerie, etc...).

POURQUOI FAUT-IL ORGANISER LE JEU ?

De tous temps, les enfants se sont adonnés au jeu. Qu'est-ce donc qui motive aujourd'hui la campagne en faveur d'une organisation plus spéciale du jeu ? C'est ce que nous allons essayer de démontrer au cours de ce chapitre.

Autrefois, les jeux étaient enseignés et transmis comme autant de traditions par les parents à leurs enfants, puis par les aînés à leurs frères et sœurs plus jeunes. Cet usage tend de plus en plus à disparaître.

Avec l'âge scolaire finissent les loisirs que les enfants plus jeunes consacraient à leurs jeux. Dans les grandes villes, les espaces libres, autrefois témoins des jeux enfantins, sont de plus en plus envahis par les constructions de rapport.

Les nouvelles mesures législatives interdisant l'emploi de la main-d'œuvre enfantine ont rendu aux enfants une partie de leur temps de jeux ; il importe que ce temps ne soit pas gaspillé en flânerie, si l'on veut faire de l'enfant un citoyen utile.

Le nombre des populations rurales qui désertent la campagne pour les grandes villes va sans cesse croissant. Rien ne saurait remplacer pour leurs enfants les exercices en plein air et les travaux des champs, sinon les terrains de jeux.

La nature des travaux exercés par les adultes a évolué avec le développement de l'industrie mécanique. Beaucoup plus de métiers en chambre, ou dans les ateliers bruyants et poussiéreux, où la plupart des travaux sont exécutés par des machines, d'où il résulte une fatigue nerveuse d'autant plus grande que l'effort musculaire est moindre. Cet état de choses a suscité une augmentation notable des cas de déséquilibre mental, une diminution du coefficient physique de la moyenne des jeunes gens, comme on a pu le constater dans les conseils de révision, une décroissance marquée de la natalité, et enfin l'accroissement de la criminalité juvénile.

Pour mettre le jeu à la portée de tous les enfants d'une agglomération, il ne suffit pas d'y affecter un terrain. Il faut que ce terrain soit accessible, et il faut, de plus, l'aménager et l'organiser. On a constaté en effet que la seule existence d'un emplacement réservé aux jeux ne suffit pas à provoquer la fréquentation assidue des enfants, surtout des plus jeunes.

Si le terrain n'est pas surveillé convenablement, les flâneurs et les garnements s'y installeront en maîtres.

Les terrains de jeux convenablement surveillés encouragent l'assiduité des enfants, parce qu'ils sont assurés d'y trouver quelqu'un pour les aider à organiser leurs jeux et d'y avoir chacun le droit de jouer et de compter sur un traitement équitable.

Un exemple frappant des services que peuvent rendre les terrains de jeux surveillés dans la lutte contre la criminalité juvénile, est l'enquête récemment menée à Chicago, par la Commission des Parcs de la Région Sud. Cette Commission a constaté que deux ans après l'ouverture des terrains de jeux dans la région Sud de la ville, la criminalité juvénile y avait diminué de 17 o/o, alors que l'augmentation, pour les quartiers qui n'avaient pas encore bénéficié de ces institutions, avait été de 18 o/o. Dans un quartier de St-Paul, Minnesota, on a constaté une diminution de la moitié des délits juvéniles après l'ouverture d'un « Foyer » doté de jeux surveillés.

MONITEURS

Le point le plus important en matière d'organisation de jeux réside dans le choix des moniteurs. Un bon moniteur doit posséder certaines aptitudes spéciales en plus d'une instruction appropriée à sa fonction. Outre qu'il doit être complètement familiarisé avec les sports qu'il est chargé d'enseigner, il doit avoir une bonne culture générale, embrassant certaines notions de physiologie, de psychologie enfantine et de pédagogie. Il doit être d'une parfaite moralité, en raison de la puissance de son exemple sur les enfants qu'il est appelé à diriger. Il doit aussi les aimer et se considérer comme responsable de leur développement intellectuel et moral aussi bien que de leur éducation physique.

Sous le rapport de la méthode, son enseignement sera totalement différent de celui des instituteurs, et sera presque tout d'exemple et de démonstration. Il devra être pour les enfants un camarade plutôt qu'un maître et se souvenir toujours que le jeu constitue la forme d'activité dans laquelle l'enfant donne libre cours à ses instincts naturels et qu'une discipline trop étroite ou trop rigoureuse prédispose l'enfant à la dissimulation, résultat tout à fait contraire au but de son enseignement.

Il doit organiser et diriger leurs jeux de telle sorte qu'ils s'imposent d'eux-mêmes une discipline spontanée et cultivent de bon gré la maîtrise de soi-même. Il y parviendra par un enseignement judicieux des règlements, par un choix méticuleux des chefs d'équipes, par le choix de bonnes méthodes d'arbitrage, et en arrêtant de temps en temps les jeux pour faire remarquer « sur le vif » les résultats d'un mouvement ou d'une faute qu'il aura constatée.

La vigilance est également une des qualités essentielles d'un bon moniteur. Il doit toujours avoir l'œil à ce qui se passe sur son terrain, de façon à empêcher les abus. Il doit de plus savoir se faire aimer des enfants et se rappeler facilement leurs noms. Un enfant qui s'entend appeler par tout autre nom que le sien en ressent une certaine humiliation ; de plus, s'il arrive à s'apercevoir ainsi que son moniteur ne le connaît pas, il peut espérer, dans une certaine mesure, échapper, le cas échéant, aux conséquences de sa conduite à l'égard du matériel ou de ses camarades.

Par-dessus tout, le moniteur doit être animé de l'esprit du jeu, afin de pouvoir se mêler aux jeux des enfants et, par son propre entrain, exciter et soutenir leur gaîté.

CHOIX DE L'EMPLACEMENT DU TERRAIN

Nous allons maintenant envisager la « situation » du terrain. Pour qu'il atteigne son maximum d'utilité, il faut qu'il soit situé là où les enfants sont en majorité ; dans la cour de l'école ou tout à côté. Les statistiques montrent que les jeunes enfants ne s'astreignent pas volontiers à faire un trajet de plus de cinq cents mètres pour se rendre au terrain de jeu, et que de plus ceux qui rentrent chez eux après la classe n'en reviennent que très rarement pour se rendre au jeu.

Le tableau ci-dessous a été dressé par le Dr Clark Hetherington d'après ses observations personnelles de plusieurs années parmi les enfants appartenant à toutes les classes sociales aux Etats-Unis. On y verra facilement que le programme scolaire ne laisse pas de place au jeu, et que le temps nécessaire à cette instruction spéciale doit être prélevé sur une partie des heures post-scolaires et sur les congés.

AGE	HEURES DE VEILLE	HEURES ACTIVES	AGE	HEURES DE VEILLE	HEURES ACTIVES
6 ans	12 3/4	4 3/4	14 ans	15	4
7 —	13	5	15 —	15 1/2	4
8 —	13 1/2	5 1/2	16 —	15 3/4	3 1/2
9 —	13 3/4	6	17 —	16	3
10 —	14	6	18 —	16	2 1/2
11 —	14	5 1/2	19 —	16	2
12 —	14	5	20 —	16	2
13 —	14 1/2	4 1/2			

Le terrain de jeu installé dans la cour de l'école pourra être utilisé non seulement après les heures de classe et pendant les congés, mais aussi pendant les heures de la journée qui sont spécialement consacrées à la gymnastique et à la culture physique.

Les questions de nivellement, de construction et de prix de revient, ainsi que l'installation des appareils et jeux athlétiques, sont explicitement traitées dans la brochure préparée par M. Harold Warner, directeur des services de construction de la Croix-Rouge Américaine de la Jeunesse, section des Terrains de Jeux.

Le nombre de balles et l'importance du matériel seront proportionnés à l'étendue du terrain disponible, et varieront selon que ce terrain sera exclusivement fréquenté par des jeunes gens ou des jeunes filles et selon aussi le nombre des enfants inscrits. L'on devra également tenir compte de l'état du terrain proprement dit, les terrains raboteux abrégeant notablement la durée de service des ballons.

Nous donnons ci-dessous une liste minimum de matériel, qui, sous la surveillance d'un moniteur avisé, devra suffire aux besoins de cinquante enfants.

Nomenclature	*Nombre*	*Prix Approximatif*
Ballons de Foot-Ball	2	
— Basket-Ball	2	
— Volley-Ball	4	
— Baseball, couture extérieure (12 ou 9 pouces)	4	
Battes de Base-Ball pour l'intérieur ..	2	
Filet de Volley-Ball	1	
Mètre ou chaîne d'arpenteur	1	
Pompe	2	

LE JEU DANS LE PROGRAMME SCOLAIRE

Aucun programme de jeux à l'usage des enfants ne saurait être pleinement satisfaisant que s'il est incorporé dans le programme scolaire, l'école constituant la seule organisation qui réunisse tous les enfants d'une même agglomération aux différents stages de leur développement. A moins que l'on ne réussisse à introduire le jeu dans l'école, les enfants plus débiles, ceux-là mêmes qui ont le plus grand besoin de jouer, n'auront la plupart du temps ni le courage ni l'initiative de se rendre au terrain de jeux public.

Le premier âge constitue la phase « physique » de l'existence ; c'est pourquoi l'éducation physique de l'enfant devrait être la préoccupation première des éducateurs. Tous les enfants devraient pouvoir consacrer une heure au moins de la journée d'études à certains exercices physiques, et cette heure devrait facilement pouvoir être distraite du programme habituel.

Tout programme scolaire de culture physique devrait comporter : 1. Des exercices et mouvements correctifs ; 2. Des jeux de « compétition » ; et 3. Un système d'épreuves athlétiques grâce auxquelles l'enfant puisse consciemment développer sa force et son adresse. Par l'application judicieuse de ce système d'épreuves fréquemment renouvelées, l'enfant devient son propre adversaire et cherche progressivement à accroître sa moyenne. La série de dix épreuves à l'usage des garçons et des filles, que nous donnons par ailleurs, constitue une excellente illustration du système que nous préconisons. On pourra y introduire la concurrence de groupe à groupe en le faisant appliquer à tous les élèves de plusieurs classes ou de plusieurs écoles et en comparant les résultats obtenus.

On notera que des épreuves spéciales et distinctes ont été prévues à l'usage des garçons et des filles ; on a tenu compte, dans leur préparation, des différences physiologiques, en cherchant à éviter le danger de soumettre l'organisme plus délicat des jeunes filles à la fatigue d'épreuves trop pénibles.

Dans l'élaboration d'un système de culture physique, tout comme dans l'organisation première d'un terrain de jeux, l'on devra toujours considérer que le programme des jeux peut facilement être adapté au matériel et aux « commodités » existants. L'on ne devra toutefois jamais pécher par défaut de matériel. La répercussion mentale de l'esprit de jeu est tout aussi favorable pour le jeu de saute-mouton que pour le jeu de hockey. L'entrain et la gaieté sont les hôtes essentiels d'nn bon terrain de jeux. Car une fois l'amour du jeu implanté chez l'enfant, ce sentiment le suivra toute sa vie et il y puisera toujours les éléments d'une saine distraction.

JEUX A L'USAGE DES GARÇONS

L'une des nécessités primordiales de l'organisation des sports juvéniles est un système de classification qui mette les enfants aux prises seulement avec ceux de même taille et de mêmes « moyens ». Plusieurs systèmes ont été formulés à cet effet, depuis le simple classement par âges, jusqu'à celui où l'on tient compte de l'âge, de la taille, du poids et du rang scolaire. A moins de disposer d'un système très complet d'inscription et de vérification des fiches, aucun des systèmes les plus compliqués n'est d'une application pratique.

C'est pourquoi, dans les terrains de jeux similaires à ceux de la Croix-Rouge Américaine de la Jeunesse le classement selon le poids a été seul admis pour les sports masculins. Il fournit un critérium aisément contrôlable, et dans la normale permet de n'opposer entre eux que des sujets de force physique équivalente. L'on n'y tient aucun compte du degré d'intelligence, distinction difficile à établir, même pour les cas où l'on tient compte du rang scolaire dans le classement.

Les catégories suivantes ont été adoptées pour les garçons inscrits aux ligues et tournois de la Croix-Rouge Américaine de la Jeunesse :

Jusqu'à 25 kilogs.
De 25 à 30 kilogs.
De 30 à 35 kilogs.
Au-dessus de 35 kilogs.

Dans les cas où cela semblerait désirable, on pourra établir une certaine classification parmi les sujets de poids inférieur à 25 kilogs, mais généralement les garçons de cette taille sont ou trop jeunes ou trop faibles pour prendre part aux épreuves sportives.

Dans la formation des Ligues sportives on devra toujours viser à y intéresser le plus grand nombre, plutôt que de rechercher la plus grande somme d'habileté individuelle. Par exemple, la ligue intra-scolaire qui fait participer 80 o/o des élèves d'une même école aux jeux scolaires, est préférable à la ligue inter-scolaire qui comporte seulement la participation active de 5 ou 6 o/o des jeunes gens d'une même école.

Dans le but de toujours tenir en haleine l'intérêt de ces ligues, l'on devra tenir un compte exact des jeux gagnés ou perdus, avec les pourcentages des équipes rivales, et les résultats devront être constamment affichés pour le bénéfice des joueurs et de leurs amis.

L'organisation d'une ligue devra toujours commencer par un avis préliminaire, donnant les règles de l'épreuve et faisant connaître le dernier délai accordé pour la clôture des inscriptions.

Toutes les inscriptions seront faites sur une formule identique où seront mentionnés le nom de l'équipe, l'épreuve à laquelle il s'agit de prendre part, la classe et les noms et poids de tous les membres de l'équipe qui prendront part à l'épreuve. Cette inscription devra être approuvée par un instituteur, un moniteur de jeux ou tout autre répondant qualifié. La formule ci-dessous a été adoptée dans toutes les réunions sportives de la Croix-Rouge Américaine de la Jeunesse :

CROIX-ROUGE AMÉRICAINE DE LA JEUNESSE

Terrains de jeux

Fiche de Classification (Garçons)

Date :

Les joueurs ci-dessous désignés (terrain de jeux de ...) ont été mis dans la classe de (poids) pour la (nom de la Société) jusqu'au... (date de la fin de session).

Nom : Poids Date de pesée.	*Nom : Poids Date de pesée.*
1	11 ....
2	12 ....
3	13 ....
4	14 ....
5	15 ....
6	16 ....
7	17 ....
8	18 ....
9	19 ....
10	20 ....

Ne pas mettre plus d'une classe par fiche.

Une copie doit être remise au terrain de jeux de Bagnolet.

Une copie sera gardée par le moniteur ou la monitrice de l'endroit où le jeu a lieu.

J'ai procédé personnellement à la pesée des garçons ci-dessus désignés et certifie que leur poids est exact.

Signé : (Moniteur ou Monitrice).

Une fois les inscriptions reçues, on établira le programme des jeux, puis on nommera les arbitres de chaque jeu. L'on ne saurait exagérer l'importance d'un arbitrage strictement impartial. Le programme permet ordinairement à chacune des équipes de disputer un ou plusieurs jeux avec chacune des équipes rivales ; toutefois, lorsque les inscriptions sont nombreuses, il est parfois nécessaire d'instituer des épreuves éliminatoires, entraînant l'exclusion des équipes vaincues. Etant donné cependant que l'objet principal des ligues est de mettre le jeu à la portée du plus grand nombre possible de participants, il importe de n'user des épreuves éliminatoires qu'avec la plus grande circonspection.

TYPES DE LIGUES

Basket-Ball (*Pour le règlement, voir les jeux*)

Se joue surtout l'hiver et au printemps. Nous donnons par ailleurs les règles du jeu. Pour les classes de 25 et 30 kilogs, il est préférable de jouer en deux demies, de chacune 15 minutes, divisées en quarts, avec pause d'une minute dans l'intervalle. La pause à mi-jeu sera de 7 à 10 minutes. Les équipes des classes plus fortes pourront jouer le jeu officiel, mais il est préférable de diviser les demies en quarts de 10 minutes, avec une minute de pause dans l'intervalle.

Foot-Ball Association (*Pour le règlement, voir les jeux*)

Jeu d'automne et d'hiver.

Les dimensions du champ de jeu pour les garçons ne devront pas excéder 80 mètres de long sur 50 de large. La durée du jeu pour les deux classes d'enfants plus petits devra être divisée en deux demies de chacune 20 minutes, période qui pourra être portée à 30 minutes pour les plus grands. Il est préférable de diviser les deux moitiés en quarts, avec deux minutes de pause dans l'intervalle.

Base-Ball (*Pour le règlement, voir les jeux*)

Jeu de printemps et d'été.

Etant donné que ce sport, en Europe, en est encore à la période de début, il est préférable d'organiser des ligues qui se serviront de la balle de terrain de jeu (12 pouces) et du bâton léger que l'on emploie pour le jeu d'intérieur.

Il conviendra également, en raison de l'inexpérience des joueurs, d'apporter au règlement officiel les modifications suivantes :

1. Prévoir un joueur supplémentaire, ce qui formera une équipe de dix (comme pour le jeu d'intérieur). On le placera comme « short-stop » suppléant entre la première et la seconde base.

2. Le jeu devra comporter 5 tours, au lieu de neuf, jusqu'à ce que les joueurs soient assez familiarisés pour pouvoir jouer un jeu de neuf tours en un laps de temps raisonnable.

Field-Ball (*Pour le règlement, voir les jeux*)

Jeu d'hiver et de printemps.

La durée du jeu devra être de 30 minutes pour les deux classes de poids légers, et de quarante minutes pour les autres, période qui sera divisée en deux moitiés d'égale durée.

COURSES ET JEUX D'ADRESSE

Les réunions auront lieu de préférence au printemps ou au début de l'été. Les inscriptions seront reçues dans les mêmes conditions que pour les autres ligues ; de plus, étant donné que la concurrence est strictement individuelle, on vérifiera soigneusement le poids des participants. La plus grande prudence présidera au choix des épreuves réservées aux enfants les plus jeunes. Nous donnons ci-dessous une liste d'épreuves à l'usage des jeunes gens de moins de quinze ans.

25 kilogs.

Course de 40 mètres.
Lancement du base-ball pour la distance.
Saut en longueur avec élan.
Saut en longueur sans élan.
Course de relais — 4 coureurs — 160 mètres.

30 kilogs.

Course de 50 mètres.
Saut en longueur avec élan.
Saut en hauteur avec élan.
Saut en longueur sans élan.
Course de relais — 4 coureurs — 200 mètres.

35 kilogs.

Course de 60 mètres.
Saut en longueur avec élan.
Saut en hauteur avec élan.
Saut en longueur sans élan.
Course de relais — 4 coureurs — 220 mètres.

Sans limite de poids.

Course de 90 mètres.
Saut en hauteur avec élan.
Saut en longueur avec élan.
Saut en hauteur sans élan.
Course de relais — 4 coureurs — 440 mètres.

CONSEILS POUR L'ORGANISATION DES REUNIONS SPORTIVES

Nous recommandons pour ces réunions l'organisation suivante :

1. *Arbitre* (Le moniteur ou la monitrice du terrain de jeux).
2. *Commissaire spécial* (L'Instituteur).
3. Starter.
4. Marqueur de points.

5. Juges des finales : 1er, 2e, 3e, 4e.
6. Juge en chef.
7. Juge du saut en longueur.
8. Juge du saut en longueur avec élan.
9. Juge du saut en hauteur.

ATTRIBUTIONS DES FONCTIONNAIRES

Arbitre. — Autorité suprême de la réunion. Tranche toutes les questions d'organisation.

Inspecteurs. — L'arbitre sera assisté de quatre inspecteurs qui occuperont les postes par lui désignés. Ils n'auront pas qualité pour formuler aucune décision de leur propre chef. Les inspecteurs sont chargés de veiller à la bonne prise des mesures, et devront surveiller la transmission des bâtons dans les courses de relais.

Starter. — Donne les départs. Ce poste exige une personne d'expérience.

Juge en chef. — Chargé de la surveillance générale de toutes les épreuves.

Commissaire et adjoints. — Doivent avoir la liste de tous les participants et les ranger en ligne pour le départ. Chargés d'annoncer les épreuves et d'enregistrer les points.

Juge des jeux. — Chargé d'appeler les concurrents à leur tour, de décider de la validité des sauts ou lancements, de mesurer et d'enregistrer les distances, etc... Devra être aidé de deux adjoints.

Juges des finales. — Chargés de recevoir les coureurs à l'arrivée et de les mener au marqueur de points afin d'enregistrer leur place. Dans les réunions importantes, il devra y avoir quatre juges de finales, l'un qui recevra le vainqueur, l'autre le coureur arrivé second, un autre pour le troisième, et le dernier pour le quatrième. Le juge des finales décorera d'un ruban le coureur qui se sera classé pour la course finale, afin de lui désigner son rang dans cette épreuve.

Marqueur de points. — Tient un compte exact des concurrents arrivés premiers, seconds, troisièmes ou quatrièmes, et porte les points gagnés au crédit de leur classe ou de leur association.

Autre méthode de pointage. — A la fin de la réunion, ranger les concurrents par ordre de classe ou d'association. Compter les rubans gagnés par les concurrents des différentes classes, en marquant 5 points pour chaque premier ; 3 points pour chaque second ; 2 points pour chaque troisième et un point pour chaque quatrième. La classe ou l'association ayant remporté le plus grand nombre de points sera proclamée victorieuse.

Classement. — On utilisera pour ces réunions le classement par poids, exposé plus haut. On inscrira tous les écoliers ayant la pratique des sports qui désireront y prendre part. Aucun joueur ne pourra s'inscrire pour plus d'une épreuve, sauf les courses de relais. Par exemple, un même joueur pourra participer à l'épreuve de saut en longeur et à la course de relais, mais non pas à la course de 50 mètres et au saut avec élan. L'on évitera ainsi de surmener les enfants, en même temps que l'on assurera la présence à leur place de tous les participants inscrits à une même épreuve, jusqu'à la conclusion de cette épreuve. On évitera également par ce moyen la confusion et le mécontentement des joueurs qui, autrement, seraient exposés à ne pas pouvoir prendre part aux épreuves. Toutes les fois que ce sera possible, on groupera sur un même point tous les participants de la même catégorie de poids.

OBSERVATIONS

Courses de relais. — On délimitera une zone de dix mètres, dans laquelle les coureurs devront transmettre les bâtons à leurs remplaçants.

Saut en hauteur. — Il conviendra de prévoir pour cette épreuve un juge spécial ayant pleins pouvoirs, et qui sera chargé de notifier les résultats au marqueur de points dès la conclusion.

1. On placera d'abord la barre à un mètre du sol, puis on l'élèvera progressivement selon les instructions du juge. Le juge a pleins pouvoirs pour déterminer la hauteur à laquelle devra commencer l'épreuve.
2. Tout participant aura droit à trois sauts pour une même hauteur ; il sera disqualifié s'il les manque tous les trois.
3. Les participants qui auront manqué le premier saut attendront, pour leur seconde tentative, que tous les inscrits aient sauté une première fois. La même règle s'applique pour la troisième tentative.
4. On tracera une ligne sur le sol à un mètre de la barre. Le concurrent qui passera cette ligne sera considéré comme s'étant dérobé. Deux « dérobades » équivaudront à un saut.
5. La longueur de l'élan est facultative.
6. La hauteur sera mesurée perpendiculairement du sol à l'arête supérieure de la barre.
7. Le vainqueur aura le droit de continuer à sauter pour établir un record. Il aura droit à trois sauts par hauteur.
8. En cas de doute, consulter le juge en chef.

Saut en longueur avec élan. — Cette épreuve sera également placée sous la direction d'un juge spécial qui en donnera les résultats au marqueur de points.

1. La longueur de l'élan est facultative.

2. Tout participant a droit à deux sauts. Les cinq meilleurs sauteurs auront droit à trois sauts en plus. Le vainqueur aura droit à trois sauts en plus pour constituer un record. On devra toujours compter le meilleur saut, que ce soit dans les essais ou dans les finales.

3. Le tremplin consistera en une planche de 25 centimètres de large enfoncée à niveau du sol. En avant du tremplin et sur une distance de 10 centimètres on répandra du sable fin sur une épaisseur légèrement supérieure au niveau du tremplin, de manière à s'assurer si les concurrents dépassent le tremplin.

4. On mesurera depuis le tremplin jusqu'au point où le corps aura touché le sol, partant perpendiculairement de ce point ; la distance sera lue au tremplin.

5. Le concurrent qui dépasse le tremplin perd un essai. Celui qui dépasse la ligne tracée à deux mètres en avant du tremplin est considéré comme s'étant dérobé. Deux dérobades équivalent à un essai.

6. En cas de doute, consulter le juge en chef.

Saut en hauteur sans élan. — 1. Tout concurrent a droit à trois sauts. Les cinq meilleurs sauteurs auront droit à trois essais en plus et le vainqueur à trois autres essais pour le record.

2. Le départ sera indiqué par une ligne blanche au lieu d'une planche.

3. Les mesures seront prises comme pour le saut en longueur avec élan.

4. Les concurrents ne seront pas astreints à placer leurs pieds d'une manière spéciale, à la condition que les deux pieds quittent simultanément le sol en sautant.

5. En cas de doute, consulter le juge en chef.

Lancement du base-ball pour la distance. — 1. Les joueurs se tiendront en arrière d'une ligne. Si l'un d'eux piétine ou dépasse cette ligne, son lancer lui sera compté comme essai nul.

2. Chaque joueur aura droit à trois coups. Les 5 meilleurs lanceurs auront droit à trois coups supplémentaires.

3. On compte le meilleur coup, soit dans les essais, soit dans les finales.

Récompenses. — L'équipe victorieuse d'un championnat recevra un diplôme justificatif. On délivrera également un diplôme individuel à chacun de ses membres.

Nous ne conseillons pas l'attribution de récompenses autres que les diplômes ou autres témoignages très simples. Les prix de quelque valeur tendent particulièrement à stimuler l'esprit de « victoire à tout prix » et il en résulte souvent que les jeunes gens ne jouent que pour l'appât du gain. « Le Sport pour le Sport », telle devrait être la devise de toutes les ligues scolaires.

THEATRE EN PLEIN AIR

Tout enfant est un acteur-né. Il aime à « faire croire ». Cet instinct est souvent réprimé chez les garçons et se traduit sous d'autres formes. Le moniteur avisé pourra faire d'excellente besogne en organisant et en dirigeant les représentations données par les jeunes gens et en les encourageant à former des cortèges.

Le manque de « facilités » ne saurait être invoqué pour négliger cette partie du programme de jeux. Un emplacement situé à un bout du terrain, un coin de mur, ou pour les cortèges imposants le terrain de jeu tout entier serviront de scène ; on se passera fort bien de décors. Il ne faut pas perdre de vue que la représentation est donnée pour le plaisir des acteurs plutôt que pour l'agrément des spectateurs.

Les rôles héroïques stimulent l'imagination du futur adolescent et l'encouragent dans la voie des principes et des idéals virils. Parmi les sujets de représentations plus spécialement convenables aux garçons citons les légendes, par exemple *Saint Georges et le Dragon* ; les anecdotes historiques, en particulier l'histoire de la chevalerie ou des temps antiques ; les scènes d'aventures ou de chasse ; les pièces militaires.

Les cortèges les mieux réussis sont souvent ceux qui reproduisent l'histoire locale. On pourra facilement trouver d'autres sujets basés sur l'évolution d'une industrie, ou les personnages des écrits d'un auteur dont on célèbre l'anniversaire, ou bien une période particulièrement émouvante de l'histoire du pays.

Ce qui fait du cortège un élément populaire du programme des terrains de jeux, c'est qu'il permet l'emploi de nombreux rôles, sans nécessiter les répétitions minutieuses des représentations théâtrales. Même un petit muet pourra faire partie d'un cortège, et, sous le costume d'un Gaulois antique, ressentir la joie de l'acteur le plus accompli.

EPREUVES PERSONNELLES

Entre douze et quinze ans, les garçons ont une prédilection marquée pour les tours d'adresses, comme par exemple : se tenir en équilibre, ou marcher sur les mains, faire des tractions sur la barre fixe, et nombre d'autres tours décrits sous la rubrique « Acrobaties ». Il est préférable de réglementer le moins possible ces exercices, en tâchant d'enseigner à tous les enfants un petit nombre de tours, au lieu d'encourager la formation d'une petite côterie d'experts au détriment des moins adroits.

COMBATS SINGULIERS

La pratique sur les terrains de jeux des sports de combat sous leurs divers aspects, boxe, lutte, escrime, etc... n'est pas toujours d'une application facile, d'autant que ces exercices nécessitent la surveillance assidue d'un petit nombre de participants. Toutefois, lorsque le moniteur aura reçu l'instruction nécessaire à l'enseignement de ce genre de sports il pourra donner des cours d'ensemble sur les règles et principes de la boxe et de la lutte.

JEUX A L'USAGE DES FILLES

L'on ne saurait exagérer l'importance pour les jeunes filles encore plus que pour les garçons, de l'exercice et des jeux en plein air pour la raison que les premières par tradition et par habitude ont toujours été moins enclines et moins à même de jouer que ces derniers.

Soit que l'on considère que la sphère d'influence de la femme est dans le domaine des affaires, ou que l'on prétende au contraire qu'elle doit se confiner au foyer domestique, et que le premier de ses devoirs est la maternité, on doit cependant convenir que la vie moderne, avec la multiplicité de ses occupations, exige de la femme une dépense d'énergie plus considérable que par le passé.

Pour y faire face, elle doit disposer d'une réserve de force physique ; et l'un des facteurs essentiels de l'édification de cette réserve physique est le jeu organisé de l'enfance.

Toutefois, les jeux des petites filles doivent être soigneusement choisis. Leurs caractéristiques physiologiques et intellectuelles devront être prises en considération. Certains exercices sont éminemment profitables aux garçons et aux filles, mais les jeux des jeunes filles ne doivent pas être calqués sur ceux des garçons. Ce n'est pas une question d'égalité physique ou intellectuelle, mais plutôt de différence physiologique.

Nous n'entendons nullement par là que les filles ne doivent pas jouer autant que les garçons. Jusqu'à 8 ou 9 ans, leurs jeux pourront sans inconvénient être les mêmes. Passé cet âge, les petites filles ont un égal besoin d'exercice, mais leurs jeux doivent être guidés avec plus de circonspection. Pour chaque genre d'exercice, on devra toujours se demander s'il en résultera une influence salutaire pour la santé de l'enfant, ou bien au contraire s'il ne risque pas de provoquer un effort gros de dangers pour l'avenir.

Etroitement liée à cette question est celle des matches sportifs féminins. Ils sont extrêmement précieux en ce sens qu'ils développent l'esprit de coopération et de bon sens sportif, mais seulement alors qu'on joue pour le plaisir de jouer et à la condition de n'être ni trop longs, ni trop difficiles pour aucune des participantes.

Les grands matches publics occasionnent un surmenage physique et nerveux souvent allié à un esprit de mercantilisme et de réclame tapageuse, qui sont nettement préjudiciables aux jeunes filles.

Au terrain de jeux, les ligues ou de temps à autre les épreuves sportives auxquelles participent des équipes appartenant à d'autres terrains sont au contraire à conseiller.

Une fois l'an, en juin et en octobre, il conviendra d'organiser une « Journée Féminine » où les jeunes filles de tous les terrains de jeux d'une même ville ou d'une même région prendront part. Et comme toujours, l'idée du jeu pour le jeu et non l'amour du championnat y devra présider. Nous donnons ci-après un programme-type :

Filles de 7 à 9 ans :	Rondes.
	Jeux chantés.
	Saynètes.
Filles de 10 à 12 ans :	Bat-Ball.
	Long-Ball.
	Coup de pied à la balle.
	Passe-Ballon.
	Net-Ball.
	Interprétations théâtrales.
	Danses locales.
Filles de 13 à 15 ans :	Court basket-ball en 9 carrés.
	Base-Ball.
	Net-Ball.
	Relai carré.
	Tennis.
	Danses locales.
	Danses de caractère.
	Interprétations théâtrales.

Epreuve d'attitude

Cette épreuve constitue un excellent numéro pour le programme de la « Journée Féminine ».

Elle pourra avoir lieu sous forme de parade, mais devra toujours être de courte durée pour éviter la fatigue. Si les participantes sont très nombreuses, l'épreuve pourra avoir lieu par sections.

On pourra décerner une bannière au groupe qui obtiendra le pourcentage le plus élevé, suivant le tableau ci-dessous :

1° Attitude sur place par quatre	40 o/o
2° Attitude en marche par quatre	40 o/o
3° Propreté et apparence personnelle	20 o/o

Toutes les écoles ou terrains de jeux devraient avoir des bannières, brassards ou chapeaux à leurs couleurs distinctives. Le costume le plus seyant consiste en la culotte bouffante bleue ou noire avec blouse marinière blanche et souliers de tennis ou de gymnase.

Au cours de la journée, on encouragera les groupes à chanter leurs chœurs et à pousser leurs cris de ralliement. Une petite pièce convenablement interprétée complètera fort agréablement le programme.

Classement

La classification des jeunes filles pour les execrices sportifs est rendue assez difficile par le manque de méthodes appropriées. Le classement le plus parfait tient compte de l'âge, de la taille, du poids, du rang scolaire, suivant le système du Professeur J. Reilly, principal de l'Ecole Publique n° 33, à Bronx, New-York City. Cette classification n'est malheureusement pas applicable à l'heure actuelle sur les terrains de jeux de la Croix-Rouge Américaine de la Jeunesse, et nous avons choisi la classification suivante par âges, mieux en rapport avec les besoins actuels :

8 ans et au-dessous.
De 7 à 9 ans, débutantes.
De 10 à 12 ans, classe élémentaire.
De 13 à 15 ans, classe supérieure.

Prix et récompenses

La plus grande circonspection devra présider à l'attribution des récompenses, sous peine de détourner le jeu de son objet réel, et devoir dégénérer purement et simplement en ce qu'on pourrait appeler « La Lutte pour le Prix ». On évitera soigneusement les récompenses de quelque valeur. Un ruban, un diplôme décernés à l'équipe victorieuse, contenteront l'amour-propre des membres de l'équipe sans que l'amour du jeu ait à en souffrir.

Art théatral

Le champ d'action du théâtre de plein air avec les cortèges, saynètes, monologues, etc., est infiniment vaste et plait beaucoup aux jeunes filles ; il répond à leur instinct imaginatif, au besoin de créer au moyen de costumes, de rythme, de musique et de danses.

Depuis la toute petite fille dans ses simples saynètes, comme « Le Magasin des Poupées » ou dans un conte de fées, jusqu'à sa sœur ainée dans les rôles historiques ou symboliques, la monitrice aura toutes les possibilités désirables de développer chez les jeunes filles l'idéalisme le plus élevé.

Il conviendra d'éviter les costumes et la mise en scène par trop dispendieux, et d'en laisser la conception et l'exécution aux enfants elles-mêmes et ne jamais perdre de vue l'objectif réel qui est le développement de l'enfant plutôt que l'effet sensationnel. On en tiendra également compte dans la distribution des rôles ; de plus on s'efforcera d'éviter les «Vedettes » et l'on donnera à chaque enfant un rôle, si minime soit-il.

CONSEILS SUR L'ORGANISATION ET L'ADMINISTRATION DES TERRAINS DE JEUX

Pour atteindre son maximum d'effet dans n'importe quel pays, la Croisade en faveur des terrains de jeux devra être simultanément envisagée à deux points de vue. Celui de l'étude et de l'organisation et celui de l'administration.

COMITE DU TERRAIN DE JEUX

Pour le côté organisation, il conviendra de constituer un comité qui réunira des représentants de différents milieux : scolaires, politiques ou religieux, dont la réputation sera fermement établie, ayant une certaine expérience de l'enfance et soucieux de s'y intéresser en consacrant leur temps, non seulement à l'obtention du terrain nécessaire, mais à son administration future. Les détails concernant le fonctionnement du terrain de jeux seront laissés au moniteur spécialisé qui fera également partie du comité.

Le Comité aura la charge des responsabilités suivantes :

1° Administration générale.

2° Subvention (ou fonds nécessaires au fonctionnement du terrain de jeux), de préférence municipale, plutôt que par souscriptions privées.

3° Choix et obtention de terrains nécessaires au besoin de la localité, aide financière.

4° Propagande et publicité.

5° Collaboration avec les autres œuvres sociales.

Les attributions générales du Directeur du terrain de jeux sont de deux sortes. En premier lieu, agissant en qualité de représentant du Comité, le Directeur ou la Directrice, après avoir pris connaissance du budget approuvé par ledit comité, déboursera les sommes nécessaires au paiement du gardien, à l'achat du matériel, l'entretien, etc., et soumettra un état mensuel de ses dépenses à l'approbation du comité.

A mesure que les terrains de jeux se multiplieront dans une localité, il conviendra de désigner un directeur spécialisé qui sera chargé de la surveillance générale. Ses attributions seront naturellement plus étendues que celles du simple moniteur.

Toutefois, pour le moment, nous envisagerons simplement le moniteur, dont la tâche principale est d'organiser le jeu dans la localité et sur le terrain du jeu proprement dit. Nous avons déjà parlé, dans un chapitre précédent, des qualités essentielles du bon moniteur. Nous donnons ci-après quelques conseils pour la routine journalière.

CONSEILS AUX MONITEURS ET MONITRICES SUR L'ORGANISATION ET L'ADMINISTRATION DES TERRAINS DE JEUX.

Le succès de la campagne en faveur des terrains de jeux non seulement dans la ville où vous êtes, mais aussi dans votre pays tout entier, dépendra de la manière dont vous saurez diriger votre terrain de jeux.

Vous faites partie de l'équipe des terrains de jeux, et c'est seulement lorsque tous les membres d'une même équipe *jouent ensemble* que le jeu est parfaitement joué. Nous portons en conséquence à votre attention less directives suivantes, qui vous serviront de guide à l'occasion dans l'exercice de vos fonctions.

Ouverture

1. Arrivez au terrain de jeux au moins 20 minutes avant l'ouverture officielle. Vous aurez ainsi tout le temps voulu pour changer de vêtements, accrocher les pancartes, etc... avant l'arrivée des enfants.

2. Veillez à ce que le gardien ouvre les portes principales et les portes des lavabos et vestiaires à l'heure exacte.

3. En hissant les drapeaux, ne les laissez jamais toucher le sol. Faites-en chaque jour une cérémonie et veillez à ce que tous les enfants à tour de rôle soient chargés de ce soin.

4. Prenez en note les noms des enfants à qui vous remettrez le matériel de jeux qu'ils désirent utiliser, ainsi que la désignation du matériel prêté. Le sens de la responsabilité individuelle évite les pertes de matériel.

5. Faites chaque jour une visite d'inspection des baraquements, du matériel et du terrain de jeux ; veillez à ce que le gardien l'entretienne en bon état, et que les jeux soient bien tracés. Toute pièce endommagée devra être réparée ou remplacée immédiatement par mesure de sécurité.

Fermeture

1. Donnez le coup de sifflet cinq minutes avant l'heure fixée. Assurez-vous que tous les enfants retournent les jeux qui leur ont été

confiés, et rayez les noms sur votre liste au fur et à mesure des retours.

2. Amenez le drapeau.

3. Assurez-vous que tous les enfants ont quitté le terrain.

4. Dites au gardien de fermer soigneusement les portes du terrain et des baraquements.

Heures

Les heures et les jours d'ouverture et de fermeture du terrain de jeux varieront selon les localités. Les moniteurs et monitrices chargés de la direction des terrains de jeux devront établir un programme des heures d'ouverture, et en donner connaissance à leur Comité.

Organisation

Pendant la journée le terrain sera fréquenté par des enfants de tout âge et de toutes tailles. Ne manquez aucune occasion de les intéresser. Vous y parviendrez en étudiant votre programme, non seulement de chaque jour, mais de chaque semaine, de chaque mois, de chaque saison même, et en le suivant fidèlement. Quand ils apprendront que vous pouvez leur offrir des jeux intéressants, les enfants accourront et feront part de la bonne nouvelle à leurs amis. C'est à vous qu'il appartient de savoir choisir les jeux ou les exercices de nature à intéresser plus particulièrement chaque groupe. Souvenez-vous que le jeu suppose le mouvement et l'*action*, et qu'il vous appartient, à vous, moniteur, de diriger cette *action*.

Préparez votre rapport mensuel à temps pour que vous puissiez l'envoyer au plus tard le cinq du mois suivant. Organisez votre travail de façon que les détails préliminaires tels que l'inspection du matériel, sa préparation, etc... soient terminés avant l'arrivée des enfants.

Donnez une chance égale a tous les enfants

Soyez particulièrement patients avec ceux qui vous paraîtront lents ou arriérés. Encouragez l'esprit d'émulation dans les jeux auxquels peuvent participer un grand nombre d'enfants. Votre rôle, dans un jeu, devra être de le rendre particulièrement attrayant pour eux, puis, ayant éveillé leur intérêt, vous pourrez quitter le jeu et en organiser un autre plus loin. Ceci ne vous sera peut-être pas très facile de prime-abord, mais en suivant fidèlement votre programme, jour pour jour, ils finiront par organiser d'eux-mêmes leurs jeux. C'est seulement de cette manière que vous pourrez diriger utilement les jeux d'un grand nombre d'enfants.

1. Matériel, etc...

Les appareils et le matériel de jeux s'égarent très facilement, à moins d'une surveillance particulièrement vigilante et d'une vérification minutieuse. Lorsque vous prêterez un jeu, ayez soin de prendre le nom de l'enfant qui le reçoit de vos mains, et rendez-le personnellement responsable de l'objet délivré jusqu'à ce qu'il vous soit rendu. N'oubliez pas de barrer le nom sur votre liste de sortie dès que le matériel prêté vous aura été retourné. Cela vous donnera sans doute un peu plus de tracas, mais vous évitera des blâmes inévitables en cas de pertes.

Veillez également à ce que le gardien vérifie le matériel chaque jour et que tout soit remis en place.

2. Entretien des appareils de jeux

Apprenez aux enfants à prendre soin des objets qui leur sont confiés. Enseignez-leur la nécessité de ces précautions en leur montrant qu'elles tendent à leur propre avantage. Faites-leur comprendre la valeur des choses. Ne leur permettez pas de prendre les jeux les plus neufs pour jouer sous la pluie.

3. Veillez a ce que le gardien observe fidèlement les prescriptions suivantes :

Graisser les ballons qui serviront pour les jours de pluie. S'assurer que les grosses balles sont gonflées à bloc, ce qui les empêche de se détériorer.

Avoir bien soin que la patte qui protège la vessies sous le laçage des balles gonflées soit bien en place.

Ne pas laisser les enfants s'asseoir sur les ballons, ce qui les détériore.

Les petites crevaisons de vessies sont facilement réparées à l'aide de pièces découpées dans des vessies inutilisables et que l'on collera avec de la dissolution. Ayez toujours à portée des aiguilles courtes et du fil très fort pour réparer les ballons de base-ball, ainsi que de grosses aiguilles et du fil ciré pour les ballons de basket-ball, de volley-ball, de foot-ball association, etc..... Si l'enveloppe d'une balle vient à se détériorer au delà du laçage, refaire une série de trous dans l'enveloppe et lacer très serré. Lorsque la déchirure sera trop grande pour que vous puissiez la réparer facilement, portez la balle chez un cordonnier pour y faire mettre une pièce.

Ne laissez pas les enfants frapper les battes contre les barrières ou les frontons de base-ball ou les jeter à la volée ou s'en servir sans aucun soin.

Ayez toujours en réserve quelques jeux supplémentaires conformes à ceux qui sont en usage sur votre terrain.

4. Discipline du terrain de jeux

Ne laissez pas les enfants grimper aux arbres ou sur les clôtures, ni pénétrer dans les baraquements par les fenêtres, ou détériorer le matériel. Le meilleur antidote du désordre et de l'indiscipline réside dans la bonne organisation du terrain de jeux et des jeux mêmes. Les enfants dont le temps est profitablement employé ne songent pas à susciter de désordre.

5. Apparence personnelle

La propreté et la bonne tenue sont essentiellement désirables. Exigez des enfants qu'ils soient aussi propres que possible, en leur montrant le bon exemple.

6. Accidents

Ayez toujours à portée une trousse de secours bien approvisionnée. Informez-vous de l'hôpital ou du dispensaire le plus proche pour les cas d'accidents.

JEUX D'INTERIEUR

On devra autant que possible encourager les enfants à jouer en plein air. Au point de vue de leur influence sur la santé, les jeux d'intérieur sont trois fois moins profitables que les jeux de plein air. A moins donc que la température soit par trop inclémente, les enfants devront jouer au dehors.

Il pourra cependant arriver que cela ne soit pas faisable. C'est pourquoi l'on doit toujours prévoir les jeux d'intérieur dans l'établissement des plans d'un terrain de jeux. On pourra y affecter une grande salle dépourvue de toutes pièces d'ameublement susceptibles d'être endommagées par les jeux. Les fenêtres devront être grillagées pour éviter le bris des vitres et le plafond assez haut pour que l'on puisse jouer certains jeux comme le basket-ball, le volley-ball ou le net-ball.

Nous conseillons les jeux suivants, pour le cas où l'on ne disposera que d'un emplacement restreint :

Garçons

Courses de Relais.
Ballon.
La Colline Gardée.
La lutte en tirant.
Coquille d'huître.
Bête, oiseau ou poisson.
Course de massues.

Epreuves spéciales :

Tractions.
Flexion sur les bras.
Flexion du torse.

Filles

Courses de relais.
La balle capitaine.
Ballon.
Danses nationales
Jeux chantés.
Saynètes, pièces de théâtre.

Epreuves spéciales :

Elévation horizontale du corps sur les bras.
Rétablissement du torse.
Saut vertical sur place.
Tours d'adresse.

OUVRAGES A CONSULTER

Reilly, Frederick J. — *New Rational Athletics for Boys and Girls* (D. C. Heath et C°, Boston, E.-U.).

Spaldings Athletic Library, rue Tronchet, Paris.

How to tell stories to Children. — Sara C. Bryant, Houghton, Mifflin C°.

The Playground Magazine. — Playground and Recreation Association of America, Madison Avenue, New-York.

American Physical Education Review. — J. Mc. Curdy, Springfield, Mass., Etats-Unis.

Groos. — *Play of Animals.* — D. Appleton C°, Etats-Unis.

Groos. — *Play of Man.* — D. Appleton C°, Etats-Unis.

Johnson, George E. — *Education by Plays and Games* (Ginn et C°, Etats-Unis).

La Méthode Française de l'Education Physique. — Bellefon et Marul.

Jeux de Plein Air et d'Intérieur. — Jentzer, Ketty. — Delachaux et Niestle, S. A.

Sports et Récréations. — Union Franco-Américaine.

What Men Live By. — Cabot. — Houghton Mifflin C°, Etats-Unis.

Psychology of Relaxation. — Patrick.

BIBLIOGRAPHIE

Bancroft, Jesse. — *Games for Playground, Home, School and Gymnasium* (The Mac Millan C°, New-York).

Lee, Joseph. — *Play and Education* (The Mac Millan C°, New-York).

Curtis. — *Education through Play.* — *Practical Conduct of Play.* — *The Playground Movement and ist Significance* (The Mac Millan C°, New-York).

Recreation and Playground Association of America. — Pamphlets (1 Madison Avenue, New-York-City).

Playground and Recreation Department. — City of Oakland, Calif. (Etats-Unis) Bulletin.

Health by Stunts. — *Pearl and Brown.* — The Mac Millan C°, New-York.

Manual in Physical Education. — Public Schools. State of California, Etats-Unis.

Syllabus of Physical Training for Schools. — London. — England (His Majesty's Stationary Office, Imperial-House, Kingsway, London W. C. 2 and 28).

Burchenal, Elizabeth. — *Folk dancing and singing games* (O. Schirmer et C°, New-York City).

Crampton and Wallaston. — *The Song Play Book* (A. S. Barnes).

Hofer, Marie. — *Children's Old and New Singing Games* (A. Flanagan C°, Chicago, Etats-Unis).

Boyd and Pederson. — *Folk Games of Denmark and Sweden* (Saul Bros., Chicago, Etats-Unis).

Shafter, Mary Severance. — *Dramatic Dances for Small Children* (A. S. Barnes C°, New-York).

RÈGLEMENTS

ÉPREUVES POUR GARÇONS

Règle générale d'attribution des points. — Le nombre de points décerné au participant qui égale ou surpasse le record établi pour n'importe quelle épreuve ne peut dépasser 10. Celui qui ne réussit pas à égaler ou dépasser le record recevra le nombre de points prévu par les règles ci-dessous.

1. *Tractions sur la barre fixe.* — Le participant, partant de la position debout à terre, saute et saisit la barre sans aucune aide. Il devra ensuite par la seule force de ses bras se hisser de manière à ce que son menton arrive au-dessus de la barre fixe. Il se laissera ensuite retomber à bout de bras sans lâcher prise et répètera l'exercice autant de fois que possible.

Nombre de points par traction : Classe A : 2.
B. : 1,67.
C : 1,43.
D : 1,25.

2. *Course de 50 mètres.* — Les participants prendront le départ en vitesse ; la durée sera chronométrée depuis le coup de pistolet du starter jusqu'au moment où le coureur atteindra la corde.

On déduira un point par cinquième de seconde au-dessous du record.

3. *Coup de pied à la balle (Rugby).* — Chaque joueur a droit à cinq coups en partant d'un point situé à 20 mètres du centre du but. La balle, projetée à la main sur le sol, doit être lancée avec le pied dès l'instant qu'elle touche le sol — et envoyée entre les poteaux et par-dessus la barre. Hauteur illimitée.

On accordera deux points par but.

B. peut être substitué à A. Le ballon association sera placé sur la ligne de pénalisation à 15 mètres du centre du but. Chaque joueur aura droit à 5 coups. La balle devra être lancée entre les poteaux et au-dessous de la barre, et ne pas toucher terre avant d'avoir franchi le but.

On accordera deux points par but.

4. *Saut en hauteur avec élan.* — On franchira d'abord la barre à un mètre du sol en augmentant progressivement la hauteur. Lorsqu'un concurrent manquera un saut trois fois de suite, on lui comptera les points correspondants à la dernière hauteur franchie.

Déduire un demi-point par centimètre au-dessous du record.

5. *Saut en longueur avec élan.* — Chaque participant a droit à trois sauts dont le dernier lui sera compté.

Déduire un cinquième de point par centimètre au-dessous du record.

6. *Lancement du ballon association. Epreuve de distance.* — On placera le ballon sur la ligne de but. Après un court élan le joueur lancera la balle aussi loin que possible. La distance sera mesurée depuis la ligne de but jusqu'au premier point où la balle aura de nouveau touché terre. Chaque joueur aura droit à trois coups dont le meilleur sera compté.

Déduire un point par mètre au-dessous du record.

7. *Elévation horizontale du corps sur les bras.* — Le participant partant de la position debout, fléchira les genoux, posera les mains à terre, étendra les jambes, et ensuite abaissera et soulèvera son corps par la flexion des bras, sans interruption, autant de fois que possible.

Point par élévation réussie : Classe A : 1,25.
B : 1.
C : 0,84.
D : 0,67.

8. *Rétablissement du torse.* — Le participant partira de la position horizontale à terre avec les bras étendus parallèlement au corps. L'instructeur lui maintiendra les pieds pendant qu'il redressera progressivement le torse autant de fois que possible.

Points par rétablissement effectué : Classe A : 1,25.
B : 1.
C : 0,84.
D : 0,67.

9. *Lancement du base-ball. Epreuve de précision.* — Le concurrent se tiendra en arrière d'une ligne tracée à 17 mètres du but décrit par ailleurs. Il aura droit à dix coups et comptera un point pour chaque « touche » dans la zone de frappe.

10. *Lancement du basket-ball pour la distance.* — Le participant se tiendra au milieu d'un cercle de deux mètres de diamètre, et lancera le basket-ball d'une main. La distance sera mesurée depuis la limite du cercle, dans la direction du coup, jusqu'au point où la balle aura touché terre. Chaque joueur aura droit à trois coups dont le meilleur comptera.

Déduire un point par mètre au-dessous du record.

Epreuve facultative. — *Anneaux.* — (Pourra être substitué à n'importe quelle épreuve de bras). Partant d'une plateforme, le participant devra s'élancer d'anneau en anneau sans toucher terre. On comptera le nombre d'anneaux parcourus jusqu'à ce que le concurrent touche terre.

Nombre de points par anneau : Classe A : 0,67.
B : 0.56.
C : 0.5.
D : 0.4.

EPREUVES SPECIALES. — FILLES

Règle générale d'attribution des points. — Le nombre de points décerné dans une épreuve à la participante qui aura atteint ou surpassé le record établi pour la classe de son âge ne pourra excéder 10. Celles qui ne réussiront pas à égaler ou à dépasser le record recevront le nombre de points prévu par les règles ci-dessous.

1. *Tractions sur la barre fixe.* — La concurrente partira de la position debout et sautera pour atteindre la barre sans aucune aide. Elle devra ensuite, par la seule force de ses bras, hisser le corps jusqu'à ce qu'elle ait le menton au-dessus de la barre. Elle se laissera ensuite retomber à bout de bras sans lâcher prise et répètera l'exercice autant de fois que possible.

Nombre de points par traction : Classe A : 5.
B : 2.5.

2. *Course de 50 mètres.* — Les concurrentes prendront un départ de course (que l'on appelle aussi « départ américain ») le corps légèrement en avant, comme pour bondir ; la durée sera chronométrée depuis le coup de pistolet du starter jusqu'à celui où la corde sera brisée. Déduire un point par cinquième de seconde en plus du record.

3. *Saut vertical sur place (ou bond sur place).* — La concurrente se placera de côté contre le mur, et, sans quitter le sol des talons, touchera le mur avec la main le plus haut possible. On répètera le point touché. Ensuite, la concurrente en sautant touchera le mur à nouveau aussi haut que possible. Après un nouveau repérage on mesurera la distance entre les deux points touchés. Chaque élève aura droit à cinq bonds dont le meilleur lui sera crédité.

Déduire un point par centimètre au-dessous du record.

4. *Lancement du basket-ball pour la distance.* — La participante se tiendra à l'intérieur d'un cercle de deux mètres de diamètre, et lancera la balle d'une seule main. La distance sera mesurée depuis la limite extérieure du cercle dans la direction du coup jusqu'au point où la balle touchera terre. Chacune aura droit à trois coups dont le meilleur lui sera compté.

Déduire un point par mètre au-dessous du record.

5. *Service du volley-ball.* — La concurrente se tiendra à l'extrémité du court de volley-ball, d'où elle devra frapper la balle par-dessus le filet de manière à la faire tomber dans le court adverse. Chacune aura droit à dix coups.

On comptera un point par service effectué.

6. *Rétablissement du tronc.* — La participante se placera sur le sol dans la position couchée sur le dos avec les bras étendus parallèlement au corps. La monitrice lui tiendra les pieds contre le sol,

pendant qu'elle s'efforcera de redresser le tronc progressivement et autant de fois que possible sans interruption. Avoir soin d'éviter la fatigue.

Nombre de points par redressement : A : 1.25.
B : 1.

7. *Lancement du base-ball. Epreuve de précision.* — La concurrente se tiendra à 17 mètres du but décrit par ailleurs. Elle aura droit à dix coups au cours desquels elle devra s'efforcer de toucher la zone de frappe du but.

Points par « touche » : 1.

8. *Lancement du basket-ball pour la précision.* — La concurrente partira de la ligne de pénalisation du court de base-ball, d'où elle essaiera de lancer un panier. A chaque coup la balle devra être attrapée soit au vol, soit au premier bond. Du point où elle est ainsi rattrapée elle sera relancée pour le panier. Chaque participante aura droit à dix coups. Celle qui ne réussira pas à rattraper la balle au vol ou au premier bond devra retourner à la ligne de pénalisation pour le prochain coup.

On comptera un point par but.

9. *Elévation horizontale du corps sur les bras.* — La concurrente partant de la position debout fléchira les genoux, posera les mains contre terre, étendra les jambes en arrière, puis élèvera et abaissera successivement le corps par flexion sur les bras, sans interruption. Eviter la fatigue.

Nombre de points par élévation : A : 2 1/2.
B : 1.67.

10. *Corde lisse.* — La durée sera chronométree depuis le départ jusqu'au moment où le sujet touche la barre à laquelle la corde est suspendue. La corde devra avoir cinq mètres de long.

On déduira un point par cinquième de seconde en plus du record.

Anneaux. — Partant d'une plate-forme, la concurrente se balancera d'anneau en anneau sans toucher terre. On comptera les anneaux parcourus jusqu'au moment où le sujet aura touché terre.

Points par anneau : A : 0.84.
B : 0.67.

ACTIONS RYTHMIQUES

Le rythme est l'un des instincte les plus puissants de la race humaine. Il s'est produit une évolution considérable depuis les danses religieuses des temps anciens jusqu'à la danse moderne, mais l'instinct du rythme est demeuré intact.

Sur les terrains de jeux, cet instinct doit être dirigé, ou pour mieux dire orienté dans la voie des jeux chantés, ou encore des danses nationales ou interprétatives. Les jeux chantés sont particulièrement l'apanage des jeunes enfants, les danses conviennent mieux aux jeunes filles.

Les conditions locales détermineront le choix entre les danses nationales et les danses interprétatives ; elles constituent un précieux appoint au programme de jeux partout où l'espace est limité. Dans les cas où la composition des groupes est susceptible de varier tous les jours, et où le moniteur ou la monitrice ne peut consacrer qu'une portion très limitée de son temps à chacun, comme il arrive précisément sur les terrains de jeux, les danses nationales ou locales se recommandent par la simplicité des pas et le charme des airs vieillots ou naïfs. Si toutefois, le groupement demeure homogène et qu'il y ait possibilité de donner un enseignement progressif, on pourra donner la préférence aux danses interprétatives.

Quel que soit le genre de l'action rythmique choisie, la monitrice devra connaître parfaitement son sujet et devra éviter d'enseigner par imitation. Même dans la danse nationale ou purement locale, la personnalité de l'enfant doit pouvoir se donner libre cours, afin que l'on comprenne le thème de la danse par son jeu.

On apportera le plus grand soin à l'organisation des représentations publiques de ces danses en faisant concilier le principe de développement physique de l'enfant et son propre plaisir. On devra soigneusement éviter d'encourager l'esprit de cabotinage.

Nous donnons plus loin une liste de jeux chantés et de danses qui ont été particulièrement appréciés sur les terrains de jeux de France et de Belgique.

L'AS DE CARREAUX

Formation

Un double cercle, les partenaires se tournent face à face, les mains aux hanches.

Numéro un a le dos tourné vers le centre, numéro deux est face au centre.

Description

1re partie

Les partenaires se tapent les mains, se donnent le bras et tournent comme suit :

Mesure 1. — Taper vivement ses propres mains (un, et) ; se donner le bras droit (deux, et) ;

Mesure 2. — Avec trois petits pas en courant, tourner vers la gauche (un, et, deux), lâcher les bras (et) ;

Mesures 3 et 4. — Répéter tout, mais en se donnant le bras gauche, et en tournant dans l'autre sens.

Mesures 5 à 8. — Répéter tout.

2e partie

Avec les bras croisés et tenus relevés, les partenaires dansent en faisant quatre pas sautés, vers le centre, ceux du cercle intérieur partent du pied gauche ; le cercle extérieur partant du pied droit, les numéros un en sautant, les numéros deux en avançant. Avec quatre pas sautés, ils retournent à leurs places, les numéros deux en reculant, les numéros un en avançant, comme suit :

Mesure 9. — En fléchissant la tête et les épaules vivement à droite, faire un pas à droite, du pied droit (un, et) sauter sur le pied droit (deux, et).

Mesure 10. — Répéter à gauche en se penchant à gauche.

Mesures 11 et 12. — Comme 9 et 10.

Mesures 13 à 16. — Répéter en allant vers l'extérieur du cercle.

3e partie

Les partenaires se tournent tous dans la même direction, le côté gauche vers le centre, ils se donnent la main et relèvent leurs mains à la hauteur des épaules ; ils dansent alors une polka autour du cercle. Le pas de polka : trois petits pas en courant, un pas en sautant (courez, courez, sautez).

Mesure 17. — Se tourner légèrement vers son partenaire, les mains bien tenues en arrière. Un petit pas en avant du pied extérieur (un). Un petit pas en avant du pied intérieur (et). Un petit pas en avant du pied extérieur (deux). Sautez sur le pied extérieur (et).

Mesure 18. — Se tourner légèrement le dos en balançant les bras bien en avant. Faire les mêmes pas que pour la mesure 17, mais en commençant du pied intérieur.

Répéter tout depuis le commencement.

LA BALANÇOIRE

Paroles

1er couplet

Oh ! aimez-vous vous balancer bien haut
Vers le ciel si bleu, si clair,
Je trouve que c'est un des jeux les plus beaux
Que tous les enfants peuvent faire.

2e couplet

De là-haut on voit les jardins en fleur
Et les toits et les tuiles brunes,
D'aller si loin dans l'air, ah ! quel bonheur,
Si près, si près de la lune.

Formation

1	3	2
x	x	x
x	x	x
x	x	x
x	x	x

Fig. 1.

Placer les enfants en ligne de trois, les uns derrière les autres (Figure 1). Tous les trois se donnent la main. Les numéros 1 et 2 placent le pied extérieur en avant et mettent la main extérieure sur la hanche. Le numéro 3 place le pied gauche en avant.

Tous trois font un mouvement de balancement en avant et en arrière. Le numéro 3 représente la balançoire. Poussez la balançoire en avant pour la première mesure et en arrière pour la seconde.

A la dernière mesure tout les numéros 3 sautent en avant et rejoignent le groupe placé devant eux. Le numéro 3 du premier groupe revient en arrière rejoindre le dernier groupe, puis on recommence toute la danse. La formation peut aussi se faire en ronde, toujours en plaçant les élèves par trois (Figure 2). La danse se fait de la même façon, sauf qu'il n'y a pas de premier groupe, donc le numéro 3 n'a pas besoin de se déplacer pour revenir en arrière à la fin de la danse.

LA BERGERE DE VALASSKO

Les couples forment un cercle, le cavalier se place derrière la cavalière. tous les deux tournés dans la même direction, et avec les mains presque aussi hautes que la tête ils tiennent un mouchoir par les coins opposés, dans leur main droite. et un autre de la même façon dans leur main gauche. En commençant avec le pied gauche, ils font quatre pas marchés en avant et vers la droite, ensuite ils dansent deux pas de polka. toujours dans la même direction (Mesures 1 à 4).

Ils refont exactement la même chose. (Mesures 5 à 8).

Avec les bras bien tendus, ils baissent leur main gauche, lèvent leur main droite et passent sous leur bras droit en faisant deux pas sur place chaque fois qu'ils passent sous leurs bras levés. Ensuite, ils baissent leur main droite, lèvent leur main gauche et passent sous leur bras gauche. La cavalière tourne toujours à gauche et le cavalier à droite. Si ceci est fait rapidement, les danseurs doivent pouvoir tourner huit fois. (Mesures 9 à 12).

Ils refont exactement la même chose mais dans la direction opposée. (Mesures 13 à 16).

BLE, POIS, FEVES ET ORGE MURISSENT

Paroles

1er couplet

Blé, pois, fèves et orge mûrissent,
Blé, pois, fèves et orge mûrissent,
Ni moi ni toi quand ils grandissent,
Ne savons comment ils mûrissent.

2e couplet

Ainsi le fermier sème le grain
Son geste est si naturel,
Frappant du pied et frappant des mains
Il se promène sur son terrain.

3e couplet

Il demande qui veut l'aider,
Il demande qui veut l'aider,
Brisez le cercle et choisissez,
Dansons, sautons avec le fermier.

4e couplet

Chanter : Tra, la, la, etc...

Formation

1er couplet. — Former un cercle et marcher autour du fermier qui se tient au milieu.

2e couplet. — Faire des gestes d'après les paroles.

3e couplet. — Le fermier choisit un des joueurs qui forment le cercle. Les autres continuent à marcher en rond comme dans le 1er couplet.

4e couplet. — Tous marchent en rond en faisant le pas sauté.

BLEKING

Formation

Un simple cercle, les partenaires tournés face à face, les deux mains jointes.

Description

1re partie

Mesure 1. — Sauter, en mettant le talon droit et le bras droit en avant, le coude tendu, la main droite devant l'épaule de son partenaire, le bras gauche bien en arrière, le coude fléchi (un, et). Sauter, talon gauche et bras gauche en avant de la même façon (deux, et).

Mesure 2. — Les mêmes changements faits vivement trois fois successivement, droit, gauche, droit.

Mesures 3 et 4. — Répéter en commençant du pied gauche.

Mesures 5 à 8. — Répéter tout.

2e partie

Avec les mains jointes et étendues latéralement à la hauteur des épaules les partenaires dansent autour du cercle. Celui du côté gauche vers le centre part en avant du pied droit, son partenaire marche en arrière en partant du pied gauche.

Mesure 9. — Sauter deux fois sur chaque pied ; en même temps lancer les bras en haut et en bas, comme un moulin, une fois pour chaque mesure, bras droit baissé quand vous sautez sur le pied droit, bras gauche baissé quand vous sautez sur le pied gauche.

Mesure 10. — Employer deux de ces pas pour faire un tour complet.

Mesure 11. — Comme la mesure 9, les partenaires ayant changé de position.

Mesures 12 à 16. — Répéter toute la danse depuis le commencement.

BOURRE-BOURRA

Paroles

1er couplet

Nous dansons la bourré,
Nous dansons la bourra,
Nous dansons la bourré,
Vivent les gais Auvergnats,
Main droite en avant,
Main droite hors du rond,
Levez les mains en les secouant,
Dansez de cette façon.

2e couplet

Main gauche en avant, etc...

3e couplet

Pied droit, etc...

4e couplet

Pied gauche, etc.

5e couplet

La tête, etc...

6e couplet

Vous-même, etc...

FORMATION

Simple cercle en se donnant la main, face à gauche.

Introduction et chœur

Les joueurs dansent autour du cercle en allant vers la gauche, en sautant, glissant, marchant ou courant.

Couplets

Les joueurs font face au centre. L'action suggérée par les paroles de la chanson est imitée par les joueurs. On doit encourager des mouvements larges et vigoureux chez les enfants.

LES BRANCHES DE MAI

PAROLES

1er couplet

Nous cueillons des branches au mois de mai,
Mois de mai, mois de mai,
Nous cueillons des branches au mois de mai,
Par un matin froid et glacé.

2e couplet

Qui portera les branches au mois de mai ?
Mois de mai, mois de mai,
Qui portera les branches au mois de mai ?
Par un matin froid et glacé.

3e couplet

Nous choisissons (Mary) au mois de mai,
Mois de mai, etc...

4e couplet

Qui enverrez-vous pour la chercher,
La chercher, la chercher...

5e couplet

Nous enverrons (Alice) pour la chercher,
La chercher, la chercher.....

FORMATION

Les joueurs sont placés en deux lignes tournés face à face ; ils se donnent la main. Entre les deux lignes il faut un grand espace pour permettre aux joueurs d'avancer, puis de reculer. La première ligne chante le 1er couplet, en avançant vers la ligne des adversaires puis elle recule. La deuxième alors avance et recule en chantant le 2e couplet.

De nouveau la première ligne avance et recule, en chantant le 3e couplet et en nommant un des joueurs qu'on choisit pour être « les branches de mai » et qui se trouve dans la ligne opposée.

La 2e ligne, ne voulant pas céder un de ses joueurs aussi facilement, avance et recule de nouveau en chantant le 4e couplet, dans lequel il est suggéré qu'on envoie quelqu'un pour chercher celui qui a été choisi pour être « les branches ». Ensuite la première ligne avance et recule, en chantant le dernier couplet dans lequel il faut nommer un joueur de sa propre ligne, qu'on croit capable de lutter contre celui qui a été choisi dans le camp opposé.

Les lignes alors restent tranquilles pendant que les deux joueurs choisis avancent vers le centre du jeu. On trace une ligne par terre. ou on y pose un mouchoir qui fait le même service. Les joueurs alors se donnent la main droite et tirent jusqu'à ce qu'il y en ait un qui dépasse la ligne. Celui qui est tiré de l'autre côté de la ligne devient « la branche » capturée et se joint au camp de son ravisseur.

Le jeu alors est répété, mais avec cette différence que les lignes chantent les couplets que leurs adversaires chantaient à la fois précédente. Le jeu devra être continué jusqu'à ce que tous les joueurs aient pris part à la lutte. La ligne qui gagne le plus de « branches » a gagné la partie.

S'il y a un grand nombre de joueurs, au lieu de faire la lutte entre deux personnes, les deux lignes peuvent avancer, chaque joueur donnant la main à son adversaire, qui se trouve en face de lui ; et tous font la lutte.

Une autre méthode est : que les deux joueurs choisis se donnent la main et leur équipe s'aligne derrière eux, tous se donnant la main et les aidant à faire la lutte.

LE FERMIER DANS LE PRE

PAROLES

1er couplet

Le fermier dans le pré,
Le fermier dans le pré,
Hé ! Ho ! au bord de l'eau,
Le fermier dans le pré.

2e couplet

Le fermier mène sa femme, etc...

3e couplet

Sa femme mène son enfant, etc...

4e couplet

L'enfant mène sa nourrice, etc...

5e couplet

La nourrice mène un chien, etc...

6e couplet

Le chien mène un chat, etc...

7e couplet

Le chat mène un rat, etc...

8e couplet

Le rat prend le fromage, etc...

9e couplet

Le fromage reste seul, etc...

On choisit un enfant pour représenter le « fermier », il se tient dans le cercle pendant que les autres enfants se donnent les mains et marchent autour de lui en chantant. A la fin du couplet, le « fermier » choisit un autre enfant du rond, et le conduit dans le cercle. A la fin du 2e couplet le 2e enfant choisit un troisième, et ceci continue jusqu'à la fin de la chanson. A la fin de la chanson, on peut « taper » sur le fromage, qui ensuite devient le fermier.

Variations

A. Le jeu peut se terminer de cette façon :

Après avoir chanté « le chat prend le rat » on dit : « Le chat *chasse* le rat » et pendant le restant du couplet le « fermier » et sa « famille » se joignent au cercle. Quand le couplet est terminé le « chat » chasse le « rat » en dedans et en dehors du rond formé par les enfants qui gardent les mains bien jointes et essayent d'aider le « rat » et gêner le « chat ».

B. Le dernier couplet peut aussi être chanté de cette façon. « Chassons tous le rat. » Ce dernier sort du cercle et est poursuivi par tous les autres joueurs qui essayent de l'attraper. Celui qui réussit à attraper le « rat » devient ensuite le « fermier ».

La variation B est surtout bonne pour être jouée en plein air.

LE FIL SUIT L'AIGUILLE

Paroles

Le fil suit l'aiguille,
Le fil suit l'aiguille,
De-ci de-là l'aiguille va,
Et la maman tout réparera.

1 Les enfants forment des lignes comme dans le diagramme.
10 Ils se donnent la main. Le n° 1 reste à sa place. Les lignes
2 avancent alors, le n° 10 en premier, et passe en dessous les bras
3 des numéros 1 et 2.
4 Les numéros 1 et 2 alors font face à la direction opposée, pen-
5 dant que les autres passent dessous leurs bras ; ils continuent
6 à se tenir les mains, et restent avec leurs bras croisés sur la
7 poitrine. Ceci forme comme un point de chaînette avec les bras
8 croisés.
9 Les lignes continuent à tourner, puis la fois prochaine passent entre les numéros 2 et 3. Ceci continue jusqu'à ce qu'ils soient tous cousus.

Au signal : retourner en dessous les bras pour défaire la chaîne

Répéter.

LA GARDEUSE D'OIE

Les couples se placent dans la pièce comme pour une danse de société.

Avec les mains sur les hanches, les partenaires se font vis-à-vis. Ils font tous les deux un pas avec le pied droit, directement à droite, rapprochent le pied gauche du pied droit et recommencent. (Mesures 1 à 2). Ils répètent ces deux pas, mais en allant directement à gauche. (Mesures 3 à 4). Ils joignent leur main droite et changent de place en faisant trois pas marchés. (Mesures 5 à 6). Se faisant vis-à-vis, et avec leur main droite toujours jointe, ils joignent leur main gauche et dansent comme ceci : sauter sur le pied gauche à la première note de la septième mesure et lancer le pied droit en avant ; sauter sur le pied droit à la deuxième note de mesure sept et lancer le pied gauche en avant à la quatrième note de mesure 7 ; sauter et lancer le pied gauche en avant à la huitième note.

Ils recommencent la danse exactement comme avant, mais dans les places opposées.

LA GRACIEUSE FANCHON

Paroles

Il y avait dans un bois une jolie fillette,
Il y avait dans un bois la gracieuse Fanchon,
Imitons ses gestes. Oh ! comme elle est leste.
Il y avait dans un bois la gracieuse Fanchon.

Formation

Simple cercle, tous se tournant vers la gauche. On se donne la main. Le chef se tient au milieu du cercle.

Lignes 1 et 2 : Les joueurs marchent en avant, autour du cercle aux paroles : « La gracieuse Fanchon », celui qui est dans le rond fait un mouvement que les autres doivent imiter.

Lignes 3 et 4 : Les joueurs se tiennent en place, face au centre et font avec celui qui est dans le cercle le mouvement qu'il montre.

Le chef choisit alors un autre enfant pour le remplacer dans le rond et se joint au cercle.

Mouvements à suggérer

Travaux de ménage, de ferme, mouvements de gymnastique et pas de danse ; imitation d'animaux, de jeux et d'industries.

JE SUIS TRES, TRES GRAND

Paroles

Oui ! Je suis très, très grand,
Je suis petit vraiment,
Parfois grand, parfois petit
Dites-moi ce que je suis.

Les enfants forment un cercle. Un enfant se tient au centre les yeux bandés ou couverts. Il doit deviner si les enfants du cercle sont grands ou petits. Un enfant du cercle est désigné pour dire aux autres ce qu'il seront — grands ou petits. En chantant « Oui ! je suis très, très grand » tous étendent les bras verticalement, aussi haut que possible. En chantant « Je suis vraiment petit » les enfants se font aussi petits que possible. Ils étendent leurs bras de nouveau en chantant « Parfois grand » et les abaissent en chantant « Parfois petit ». Après ces paroles on fait un temps d'arrêt, pendant que celui désigné au commencement du jeu fait signe aux autres d'être ou « grand » ou « petit » ; puis vivement on chante « Dites-moi ce que je suis ». Pour les tout-petits enfants il vaut mieux changer ceux qui ont les rôles principaux, à chaque reprise du jeu.

JE TE VOIS

Paroles

A. Je te vois, je te vois,
Ti ral-la, ral-la, lal-la, la,
Je te vois, je te vois
Ti ral-la, lal-la, la.

B. Tu me vois et je te vois.
Si tu me prends, je te prendrai,
Tu me vois, et je te vois,
Si tu me prends, je te prendrai.

La musique est composée de deux parties, chacune de huit mesures. Pour faire accorder les mouvements avec la musique A, chaque mesure doit être comptée ainsi : « Une, deux ». Pour faire accorder les pas avec la musique B, chaque mesure doit être comptée ainsi « Une, et, deux, et ».

Formation

Les danseurs forment deux doubles lignes qui se tournent face à face à environ deux mètres de distance.

Dans chacune de ces doubles lignes, le n° 1 se tient devant le n° 2, en lui tournant le dos et en mettant les mains aux hanches ; le n° 2 place ses mains sur les épaules de son partenaire le n° 1.

A

Mesure 1. — Le n° 2 penche la tête à gauche et regarde par-dessus l'épaule de son partenaire le n° 2 du couple opposé (un). Restez dans cette position (deux).

Mesure 2. — Avec un mouvement vif, penchez la tête à droite et regardez le n° 2 du couple opposé (un). Restez dans cette position (deux).

Mesure 3. — Le n° 2 plie les genoux en se baissant pour se cacher derrière le n° 1 (un, deux).

Mesure 4. — Restez dans cette position (un, deux).

Mesures 5 à 8. — Répétez tout, en commençant par la droite.

B

Mesures 1 à 8. — Sur la première note de la mesure, on tape les mains vivement ensemble et en même temps les numéros 2 sautent en avant, à gauche de leurs partenaires et donnent les mains aux numéros 2 qui arrivent du côté opposé. (Ils se donnent les mains en les croisant main droite dans la main gauche). Puis ils tournent vivement en allant vers la gauche et en faisant un pas glissé (deux pas glissés du pied gauche pour chaque mesure).

A la fin de la huitième mesure, tous reprennent la première position, sauf avec cette différence que les numéros 2, en finissant leur ronde se placent devant les numéros 1. La danse est alors entièrement répétée, les numéros 1 se regardant.

Dans la première partie de la danse, les mouvements de tête sont vifs, comme ceux d'un oiseau. Dans la seconde partie les danseurs doivent bien s'agripper les mains, et se pencher bien en arrière pour permettre de tourner très vite.

LE MANEGE (Carrousel)

Paroles

Mes enfants, soyons tous gais,
Le manège arrive,
Plein de lumières vives.
Les petits payent un sou,
Les grands deux sous.
Courez vite, pressez-vous,
Ou vous ne verrez rien du tout.
Ah ! Ah ! Ah ! tout à la joie,
Léopold et Valentin et Théodore et moi.

Cette danse représente le « Manège » ou « Chevaux de bois ». Les danseurs forment un double cercle, se tenant par couples, tous deux face au centre. Ceux de devant, de tous les couples, se donnent la main pour former un rond, ceux qui se trouvent derrière placent leurs mains sur les épaules de leur partenaire.

La musique se compose de 2 parties. La première partie comprend 7 mesures, la seconde 8 mesures.

Pour faire concorder les pas avec la musique chaque mesure devra être comptée ainsi : (un, deux, trois, quatre).

A

Pendant A les joueurs font des pas glissés, lentement en allant vers la gauche, comme suit :

Mesure 1. — Faire un long pas glissé à gauche, du pied gauche (un). Rapprocher le pied droit du pied gauche (deux). Répéter (trois, quatre).

Mesures 2 et 7. — Continuer le même mouvement pendant les 7 mesures de A. Mais pendant les 6e et 7e mesures taper trois fois des pieds au lieu de faire les pas glissés.

Durant les 6e et 7e mesures, la musique est accélérée un peu.

B

Mesures 1-4. — Continuer d'aller vers la gauche, avec la musique légèrement accélérée comme dans les deux mesures précédentes en exécutant le même pas que pour la première mesure de A, mais en le faisant à double temps, c'est-à-dire en faisant 4 pas glissés au lieu de 2.

Mesures 5-8. — Répéter en glissant à droite (Répétition de B). A la fin de B les partenaires changent immédiatement de place, ceux qui étaient en arrière sont maintenant en avant et se donnent la main. Les autres qui sont derrière ont les mains sur les épaules de leur partenaire. La danse entière est alors répétée. Les paroles sont chantées par les danseurs, les quatre pas tapés aux 6e et 7e mesures de A se font aux paroles : « Vite — vous — n'verrez — tout. »

En chantant le chœur, les paroles : Ha ! Ha ! Ha ! devront être chantées fort, avec la tête en arrière.

A

Mes enfants toujours tous gais,
Le manège arrive,
Plein de lumières vives.
Les petits payent un sou,
Les grands deux sous.
Courez vite, pressez-vous,
Ou vous ne *verrez* rien du *tout*.

B

Ah ! Ah ! Ah ! tout à la joie.
Léopold et Valentin et Théodore et moi.

Pendant la première partie du « manège » les chevaux de bois commencent à marcher seulement, et par conséquent vont lentement ; pendant la seconde partie, ils sont bien en train et vont vite. On commence alors à s'amuser.

MARCHE DE MONTAGNE NORVEGIENNE

La musique est composée de deux parties de seize mesures chaque. Pour faire accorder les pas avec la musique, il faut compter ainsi : « Une, deux, trois ».

La danse est faite par groupes de trois. Tous marchent en avant et autour de la chambre en allant de droite à gauche.

Dans chaque groupe de trois le n° 1 est placé en avant avec un mouchoir ou écharpe dans chaque main. Le n° 2 et le n° 3 se tiennent l'un à côté de l'autre, directement derrière le n° 1, le n° 2 à gauche, le n° 3 à droite. Ils se donnent les mains intérieures, la main extérieure de chacun tient l'autre bout du mouchoir le plus proche ; tous forment ainsi un triangle.

A

Mesures 1-16. — En partant du pied droit, tous courent en avant (Fig. 1), faisant trois pas pour chaque mesure, et en marquant le premier pas de chaque mesure. Si on marque le pas du pied droit, on penche la tête et le corps légèrement à droite, et à gauche si on marque le pas du pied gauche.

B

Mesure 1. — Le n° 1, en se penchant en avant, court trois fois en arrière en marquant le premier pas, et (Fig. 2) passe au-dessous des mains jointes des numéros 2 et 3 (une, deux, trois).

Mesure 2. — Le n° 1, après être passé en dessous, continue à courir trois pas sur place (une, deux, trois). Pendant ce temps les numéros 2 et 3 courent sur place.

Mesures 3 et 4. — Le n° 2, en faisant six petits pas en courant, passe devant le n° 1 et tourne vers l'intérieur, une fois sur place, dessous le bras droit du n° 1.

Mesures 5 et 6. — Le n° 3, en faisant six petits pas en courant, tourne vers l'intérieur, une fois sur place, sous le bras droit du n° 1.

Mesures 7 et 8. — Le n° 1 en faisant six petits pas en courant, tourne une fois vers la droite dessous son propre bras droit. Ceci ramène les trois à leur position initiale. En faisant ette figure, chacun doit continuer à courir pendant que les autres exécutent leurs rôles.

Mesures 9-16. — Répétez la même chose, le n° 1 omettant de marquer le premier pas.

Cette danse représente deux grimpeurs de montagne et leur guide. Le n° 1 étant le guide doit se tenir bien en avant des numéros 2 et 3 dans la partie A, et doit sembler les tirer derrière lui.

MENUET

Formation

Huit couples, face en avant en deux lignes. Les mains intérieures des partenaires sont jointes et relevées. Avec les mains extérieures les jeunes filles relèvent légèrement leurs jupes : les garçons tiennent leurs chapeaux à hauteur de l'épaule.

Description

Introduction

Entrez et prenez vos places en faisant la marche du menuet.

Mesure 1. — Trois pas légers de marche, en commençant avec le pied extérieur.

Mesure 2. — Posez la pointe du pied intérieur oblique en avant en penchant le corps légèrement vers le pied qui se trouve en avant.

Mesure 3. — Deux pas marchés, en commençant avec le pied extérieur. Ramener les talons joints et faire face à son partenaire au troisième temps.

Mesure 4. — Le salut : les garçons saluent avec les talons joints, les genoux raides et les chapeaux à hauteur de la poitrine. Les filles font la révérence en glissant le pied gauche à petite distance derrière le pied droit en portant le poids du corps entièrement sur le pied gauche. Gardez le poids du corps sur le pied gauche pendant la révérence et pendant que le genou gauche est fléchi et ensuite étendu : la jambe droite est étendue en avant, le genou raide. Le petit orteil du pied droit touche à terre, le talon étant bien relevé et tourné vers l'intérieur. Le corps est incliné très légèrement en avant et les jupes sont tenues vers les côtés.

1re partie

Mesures 1 et 2. — Les partenaires se donnent la main droite et traversent pour aller au côté opposé en faisant trois pas, puis en plaçant le pied en avant sur la pointe : partez tous du pied gauche.

Mesures 3 et 4. — Répétez les mesures 1 et 2 pour reprendre les places premières.

Mesures 5 à 8. — Répétez tout et saluez.

2e partie

Mesure 9. — Les partenaires se donnent la main droite et font un pas l'un vers l'autre du pied droit. Rapprochez le pied qui est en arrière. Levez-vous sur la pointe des pieds, et en même temps levez les bras et regardez-vous par en dessous.

Mesure 10. — Un pas en arrière du pied droit, le pied gauche sur la pointe. Baissez les mains et regardez-vous par-dessus.

Mesures 11 et 12. — Répétez.

Mesure 13. — Les mains jointes, tournez en faisant trois pas pour aller du côté opposé.

Mesure 14. — Le pied en avant sur la pointe.

Mesure 15. — Complétez le cercle pour reprendre vos places.

Mesure 16. — Révérence et salut.

3e partie

Mesures 1 et 2. — En faisant trois pas le premier couple fait demi-tour, en tournant vers l'arrière, le cavalier faisant ses pas en arrière et posant le pied en avant sur la pointe et tournant la tête dans la direction opposée de son partenaire. En même temps le second couple se séparant pour permettre au premier couple de passer entre eux, avance trois pas en avant sur la pointe, en s'alignant avec le premier couple, et en regardant vers le centre.

Mesures 3 et 4. — Le premier couple marche en avant et se retourne de nouveau pour reprendre sa place comme au commencement, le cavalier faisant passer la dame en avant, puis place le pied en avant sur la pointe. En même temps le deuxième couple se tourne de la même façon pour faire face à l'arrière, puis place les pieds en avant sur la pointe.

Mesures 5 et 6. — Les deux couples avancent en faisant trois pas jusqu'à ce qu'ils soient en ligne. Le premier couple venant de l'arrière passe par l'extérieur, puis pose les pieds en avant sur la pointe, le couple du milieu regardant vers l'extérieur et le couple extérieur regardant vers le centre.

Mesures 7 et 8. — Trois petits pas pour reprendre la position première, faisant face à son partenaire pour la révérence et le salut. Cette figure peut être employée pour lier les pas l'un à l'autre, c'est-à-dire qu'on l'exécute une fois après chacune des autres figures.

4e partie

Mesures 9 et 10. — Premier cavalier et deuxième dame se donnent les mains. Trois pas pour traverser et changer de place. Pied en avant sur la pointe.

Mesures 11 et 12. — Terminer à sa place et révérence et salut.

Mesures 13-16. — Première dame et deuxième cavalier exécutant le même pas.

5e partie

Mesure 1. — Tous font un pas vers le centre et joignent les mains avec leurs partenaires de la 4e partie ; se lever sur la pointe des pieds, lever les bras et reparder en dessous.

Mesure 2. — Un pas en arrière et le pied en avant sur la pointe.

Mesures 3 et 4. — Répétez.

Mesures 5 et 6. — Tous marchent en rond en faisant un demi-tour du cercle, puis le pied en avant sur la pointe, les mains toujours jointes.

Mesures 7 et 8. — Compléter le cercle, baisser les mains et faire la révérence et le salut.

LES MOUSQUETAIRES

La musique est divisée en deux parties, A et B, chaque partie composée de 8 mesures à répéter jusqu'à ce que les quatre couples aient exécuté les mouvements ci-après.

Cette danse comprend quatre couples qui forment un carré comme pour un quadrille. Dans chaque couple, le cavalier se place à gauche. Les partenaires se donnent la main et placent l'autre sur la hanche.

1re partie

A. Mesures 1-2. — En commençant avec le pied droit, les premiers couples avancent l'un vers l'autre en faisant trois pas marchés. A la deuxième note de la mesure deux, les deux couples saluent. (Pour saluer, le cavalier fait le salut usuel, tandis que la cavalière touche le talon droit avec la pointe du pied gauche et fait une courte révérence).

Mesures 3-4. — Commençant avec le pied gauche, les danseurs retournent à leur place en faisant trois pas marchés et joignent les pieds à la deuxième note de la mesure 4.

Mesures 5-6. — Même chose que mesures 1 et 2.

Mesures 7-8. — Même chose que mesures 3 et 4.

A. Mesures 1-8. — Les deux autres couples s'avancent et se retirent de la même façon.

(Pendant cette première partie, les danseurs doivent s'avancer et se retirer avec beaucoup de dignité).

2e partie

B. Mesures 1-4. — Les premiers couples, en sautant deux pas pour chaque mesure), avancent l'un vers l'autre, lâchent les mains de leurs partenaires pour prendre celles des danseurs opposés, se séparent, les cavaliers tournant à gauche et les cavalières à droite. Ils passent sous les arcs formés par les couples de côtés qui lèvent leurs mains jointes aussi haut que possible. Immédiatement après être passés sous les arcs, ils se séparent, les uns vers la droite, les autres vers la gauche, pour rejoindre leurs propres partenaires.

Mesures 5-8. — Toujours en sautant les danseurs tapent des mains à la première note de la mesure cinq, joignent les deux mains avec celles de leurs partenaires, et les bras bien tendus, tournent aussi vite que possible.

B. Mesures 1-8. — Les couples de côtés font exactement la même chose.

PENDANT LONGTEMPS

Couplet

Pendant *longtemps* nous travaill*ons*.
Mais après *nous* nous repos*ons*.
*Al*lons venez, car nous sommes heureux.
Chantons et soyons joyeux.

FORMATION

Simple cercle, tous tournés vers le centre, les mains aux hanches. Un enfant se place dans le cercle.

Lignes 1 et 2. — Celui du milieu du cercle (A.) se place devant un joueur (B.) dans le cercle, et l'invite à danser. Aux syllabes « temps » — « ons » — « nous » — « ons », tous dansent le pas du « Bleking » quatre fois du pied gauche et droit alternativement. (Pas du Bleking : sauter sur le pied gauche en pliant le genou gauche et en plaçant le pied droit en avant sur le talon).

Lignes 3 et 4. — A la syllabe « Al » tous tapent des mains ensemble ; A. fait alors demi-tour les mains aux hanches ; B. place ses mains sur les épaules de A. et il court douze pas en avant à un autre joueur (C.). En même temps, les autres joueurs du cercle font douze pas de course sur place.

Lignes 1 et 2. — Répétition du couplet. Dans cette position tous dansent quatre pas du « Bleking ».

Lignes 3 et 4. — A la syllabe « Al » A. et B. font demi-tour. Ainsi B. devient le conducteur. A. place ses mains sur les épaules de B. ; C. place ses mains sur les épaules de A. et tous trois courent en ligne à un autre joueur (D.). Le jeu continue de cette façon jusqu'à ce que tous aient été choisis dans le cercle et soient entrés dans la ligne de ceux qui courent.

Le conducteur maintenant agrippe les épaules du dernier joueur de la ligne, formant ainsi un cercle.

Lignes 3 et 4. — Les lignes 3 et 4 peuvent être répétées plusieurs fois pendant que les joueurs continuent à courir en rond.

NOS PETITS ENFANTS

1er couplet

Fillettes et garçons,
Quand ils veulent bien jouer,
S'entendent de bonne façon,
A très bien s'amuser.
....

Avec leurs partenaires,
Se tenant par la main,
De leurs jeunes voix si claires,
Ils chantent un gai refrain.

2e couplet

Chantons Tra-la-la-la,
Chantons Tra-la-la-la,
Oui, chantons tra-la-la,
Oui, chantons tra-la-la,
Avec leurs partenaires,
Se tenant par la main,
De leurs jeunes voix si claires,
Ils chantent un gai refrain.

La musique consiste en une seule phrase de seize mesures qu'on répète aussi souvent qu'il est nécessaire.

Les danseurs forment un grand cercle et se tiennent par la main ; plusieurs danseurs se tiennent dans le cercle.

On chante les paroles données ci-dessus.

LA DANSE

I

Mesures 1-8. — Les danseurs qui forment le cercle commencent à marcher en allant vers la gauche et en partant du pied gauche ; ils font deux pas par mesure et balancent leurs bras vers l'intérieur puis vers l'extérieur du cercle en mesure avec la musique.

En même temps, les danseurs qui sont dans le cercle marchent en rond dans la direction opposée, chacun avec les mains aux hanches (ou en balançant les bras en mesure avec la musique) et en se tenant tout près du cercle extérieur.

Mesure 9. — En chantant « avec leurs partenaires » les danseurs qui sont à l'intérieur du cercle choisissent chacun un partenaire du cercle extérieur en prenant sa main gauche avec leur main droite.

Mesures 10-16. — Par couple ils continuent à marcher en rond dans le cercle, dans la même direction qu'avant en balançant leurs mains qui se tiennent et en mettant la main extérieure sur la hanche ; en même temps le cercle extérieur continue à marcher en rond dans la même direction qu'avant, ayant refermé les vides qui se sont produits dans le cercle.

II

Mesures 1-4. — Le cercle extérieur fait un pas sauté en marchant toujours dans la même direction, deux pas pour chaque mesure. En même temps, les couples qui sont dans le cercle se donnent les mains et en se penchant bien en arrière tournent sur place, en allant vers la droite et en faisant deux pas sautés pour chaque mesure.

Mesures 5-8. — Tous tournent et vont dans la direction opposée en faisant le pas sauté.

Mesures 9-16. — En chantant « avec leurs partenaires » tous recommencent à marcher de nouveau, le cercle extérieur allant de droite à gauche, et les couples du cercle intérieur allant dans la direction opposée, tous balancent leurs mains comme avant.

A la fin du refrain on fait un temps d'arrêt pendant lequel les danseurs, qui au commencement étaient dans le centre du cercle, prennent vivement place dans le cercle extérieur ; en laissant les danseurs qu'ils avaient choisis dedans le cercle.

La danse est alors répétée entièrement.

LA PETITE GARDEUSE D'OIE

Les partenaires se font vis-à-vis en formant un seul cercle. Tous deux ont les mains sur les hanches, le cavalier avec la main gauche vers le centre du cercle, la cavalière avec la main droite.

Ils commencent tous deux avec le pied droit, la cavalière recule et le cavalier avance de huit pas de valse, en tournant légèrement, d'abord sur la droite puis sur la gauche sur chaque pas de valse (mesures 1 à 4) et recommencer.

Sans arrêt ni changement de position, la cavalière danse devant le cavalier continuellement, en rond et aussi vite que possible et en se dirigeant sur la droite autour du cercle. Pendant ce temps le cavalier suit sans tourner et tape du pied et des mains à la première note de chaque mesure (mesure 5 à 12).

Sans changer de position, le cavalier danse ensuite exactement comme la cavalière vient de faire, pendant que celle-ci le suit en tapant des pieds et des mains comme il faisait (mesures 5 à 12).

LE PIGEON GRIS

Les couples se placent dans la pièce comme pour une danse de société.

Les partenaires se font vis-à-vis, joignent leur main droite, leur main gauche sur la hanche, et changent de place en faisant quatre pas marchés (Mesure 1 et première note de mesure 2). Se faisant vis-à-vis, les deux mains sur les hanches, ils lèvent les talons (deuxième note de mesure 2), saluent en rabaissant les talons (troisième note de mesure 2). Joignant leur main gauche, ils répètent ce mouvement retournant à leur place par le même côté qu'ils sont venus (Mesures 3 et 4).

Ils refont exactement la même chose. (Mesures 1 à 4).

Les partenaires se font vis-à-vis, les mains sur les hanches, et font comme ceci : Ils lèvent et baissent les talons suivant le rythme, posent la pointe du pied gauche un peu en avant et sur la gauche à la première note de la mesure 5 ; en avant et en face du pied droit à la troisième note de la mesure 5 ; joignent les pieds en rapprochant pied gauche du pied droit avec un petit mouvement circulaire (quatrième note de mesure 5). Ils répètent ce mouvement avec le pied droit, la pointe du pied de côté à la première note de la mesure 6 : en face à la troisième note de la mesure 6 ; et pieds joints cinq et sixième note de la mesure 6. Ils refont la même chose (mesures 7 et 8) et finissent en tapant du pied à la première note de la neuvième mesure, lèvent les talons à la deuxième note et saluent en baissant les talons à la dernière note.

Ils répètent cè pas, mais en substituant le pied droit au pied gauche pour commencer et pour frapper.

LA POLKA DES BEBES

Formation

Simple cercle. Les partenaires se tournent face à face. Ils se donnent les mains, et étendent leurs bras latéralement, à la hauteur des épaules.

Mesures 1-8. — Polka glissée vers le centre — glisser, rapprocher, glisser, rapprocher — trois pas de course sur place. Répéter en glissant vers l'extérieur du cercle, deux mesures. Répéter les quatre mesures.

Mesures 9-12. — Taper les deux mains contre les jambes. Taper ses propres mains, lentement. Taper les mains de son partenaire trois fois de suite, vivement. Répéter.

Mesures 13-14. — Porter le pied droit en avant, sur la pointe du pied : placer le coude droit dans la main gauche, et secouer le doigt trois fois, en regardant son partenaire. Répéter gauche.

Mesure 15. — Faire un tour complet à droite en faisant quatre petits sauts.

Mesure 16. — Taper trois fois des pieds.

Répéter depuis le commencement.

LES POMMES DE TERRE FRITES

Paroles

Pommes de terre chaudes, pommes de terre frites,
Pommes de terre à la poêle, très bien cuites,
Chacun les aime les pommes frites,
Mais surtout à la poêle très bien cuites.

En Chœur

Tra la la la, tra la la la, etc...

Formation

Double cercle, les couples se tournant face à face.

Couplet

Ligne 1. — Taper les 2 mains contre les jambes ; taper ses propres mains, taper les mains de son partenaire. Répéter.

Ligne 2. — Taper les 2 mains contre les jambes. Taper la main droite seulement ; taper ses propres mains ; taper la main gauche seulement ; taper ses propres mains ; taper les mains de son partenaire.

Lignes 3 et 4. — Répéter tout depuis le commencement (Compter : 1, 2, 3 ; 1, 2, 3 ; 1, 2, 3, 4, 5, 6, 7).

Chœur

Lever tous les mains latéralement (en se donnant la main) ; faire 16 pas glissés autour du cercle en allant à gauche ; puis 16 pas vers la droite. A la dernière mesure le cercle extérieur fait un pas à droite pour changer le partenaire. Répéter tout depuis le commencement avec le nouveau partenaire.

LE PONT D'AVIGNON

Paroles

Sur le pont d'Avignon,
L'on y danse, l'on y danse,
Sur le pont d'Avignon,
L'on y danse tout en rond.

1er couplet

Les beaux messieurs font comm'ça,
Et puis encore comm'ça.

2e couplet

Les belles dames font comm'ça, etc...

3e couplet

Des noms de métiers.

Pendant les huit premières mesures on danse en rond en formant un cercle, en faisant des pas, en courant, en glissant ou en sautant. En chantant « Les beaux messieurs font comm'ça » on imite du geste le salut des beaux messieurs, puis on reprend le refrain. De même on imite le salut des belles dames. On peut ensuite prendre des noms de métiers, et en reproduisant les gestes.

Les enfants à tour de rôle prennent l'initiative de choisir le métier et montrer le geste à imiter.

LES SEPT SAUTS

Cette danse est généralement considérée comme une danse pour deux jeunes gens, quoique quelquefois elle soit dansée par un jeune homme et une jeune fille, ou par un nombre de couples formant un cercle. De toutes façons, les pas sont les mêmes que ceux expliqués ici.

La musique se compose de deux parties A. et B. ayant huit mesures chacune, avec deux mesures en plus C. et D. à la fin de B. Chaque mesure de A. et B. doit être comptée ainsi « Une, et, deux, et ».

La danse

1er saut

A. Mesures 1-8. — Les danseurs se donnent les mains et tournent vivement en allant vers la gauche et en faisant le pas suivant : mesure 1, un pas du pied gauche (un) sautez sur le pied gauche (deux) ; mesure 2, un pas du pied droit (un), sautez sur le pied droit (deux).

B. Mesures 9-16. — Faire un moment d'arrêt pendant les mesures 9 et 10, puis recommencer la figure « 1, 1er saut » dans la direction opposée.

C. — Lâchez les mains, mettez-les aux hanches et levez le pied droit en avant, le genou fléchi, la jambe en angle droit.

D. — A la première note de la mesure, tapez le pied droit par terre. A la deuxième note de la mesure restez immobile, mais prêt à repartir en avant au bon plaisir du musicien qui fait un temps d'arrêt sur cette dernière note et garde les danseurs qui attendent sur le qui-vive.

2e saut

A. et B. — Comme dans le premier.

C. — Levez le genou droit comme avant.

D. — Sur la première note de la mesure tapez le pied droit par terre. Sur la deuxième note de la mesure levez le genou gauche en avant.

D. *répété.* — Sur la première note de la mesure, tapez le pied gauche par terre. Sur la deuxième note, restez immobile comme avant pendant que le musicien tient la note.

3e saut

A. et B. — Comme avant.

C. — Levez le genou droit.

D. — Sur la première note tapez le pied droit par terre.

Sur la deuxième note levez le genou gauche.

D. *répété.* — Sur la première note mettez-vous à genoux sur le genou droit. A la deuxième note, restez immobile pendant que le musicien tient la note.

4e saut

A. et B. — Comme avant.

C. — Comme avant.

D. — Tapez le pied droit comme avant.

D. *répété.* — Tapez le pied gauche comme avant.

D. *répété.* — A la première note à genoux sur le genou droit. A la seconde note restez immobile dans cette position.

D. *répété.* — A la première note mettez le genou gauche à terre aussi, ainsi on est à genoux sur les deux genoux. A la seconde note restez immobile dans cette position.

5e saut

A. et B. — Comme avant.

C. — Comme avant.

D. — Tapez le pied droit comme avant.

D. *répété.* — Tapez le pied gauche.

D. *répété.* — A genoux sur le genou droit.

D. *répété.* — A genoux sur les deux genoux.

D. *répété.* — Sur la première note de la mesure mettez le coude droit par terre en appuyant la joue sur la main droite. Sur la deuxième note restez immobile dans cette position.

6e saut

A. et B. — Comme avant.

C. — Comme avant.

D. — Tapez le pied droit.

D. *répété.* — Tapez le pied gauche.

D. *répété.* — A genoux sur le genou droit.

D. *répété.* — A genoux sur les deux genoux.

D. *répété.* — Sur la première note de la mesure mettez le coude droit par terre, la joue appuyée sur la paume de la main droite. A la deuxième note restez immobile dans cette position.

D. *répété.* — A la première note de la mesure mettez le coude gauche aussi par terre en tenant le menton des deux mains. Restez immobiles à la deuxième fois.

7e saut

A. et B. — Comme avant.

C. — Comme avant.

D. — Tapez du pied droit.

D. *répété.* — Tapez du pied gauche.

D. *répété.* — A genoux sur le genou droit.

D. *répété.* — A genoux sur les deux genoux.

D. *répété.* — Placez le coude droit par terre.

D. *répété.* — Placez le coude gauche aussi par terre.

D. *répété.* — A la première note en gardant le menton appuyé dans les deux mains, penchez la tête en avant et toucher la terre avec le front. A la deuxième note restez immobile dans cette position. (Au Danemark, quand deux hommes font cette danse, quelquefois un seul touche terre avec le front et l'autre fait la culbute par-dessus son camarade).

A. et B. — Comme avant.

Ceci peut être considéré comme la fin de la danse, mais pour compléter la danse entièrement on devrait la continuer à partir de ce point comme avant, mais avec cette différence qu'à la suite de chaque figure on omet le dernier mouvement ou « saut » renversant l'ordre dans lequel il était ajouté pendant la première partie de la danse, comme suit :

8e saut

Comme 6e.

9e saut

Comme 5e.

Et ainsi de suite jusqu'à ce que la danse se termine par un simple balancement ou ronde pendant A. et B., comme au commencement.

Pendant toute la durée de la danse, pendant que les danseurs tournent en sautant, ils se penchent bien en arrière et tournent très vigoureusement et pendant les pauses sur la dernière note de D. ils restent immobiles, mais alertes pour qu'au commencement de A., dans la prochaine figure, ils soient prêts à reprendre vivement la ronde.

LE VOLEUR

Il fait si | bon dans les | bois ce jour,
Pas | de voleur | caché par | mi le foin,
A | une heure son | nant, il
N'y a per | sonne,
Mais il y | en aura
Quand son | neront | cinq.

Le voleur choisit son repaire près du cercle ; les autres enfants font un cercle et chantent en marchant.

A cinq les enfants se lâchent les mains et s'enfuient poursuivis par le voleur qui doit courir jusqu'à ce qu'il en ait touché trois.

Ceux qu'il a attrapés sont prisonniers dans son repaire. Recommencer jusqu'à ce que tous les enfants soient attrapés.

CHOIX DES JEUX

Dans la nomenclature des jeux et règles que nous donnons plus loin, nous n'avons pas cherché le nombre. Nous nous sommes efforcés de choisir, parmi les plus salutaires, ceux qui réunissent les caractéristiques essentielles suivantes :

1. Participation de tous les joueurs.

2. Développement de l'esprit de corps.

3. Intérêt de nature à inciter les enfants à continuer le jeu pendant les vacances et pendant leur vie future.

4. Intérêt en rapport avec l'âge des enfants (voir la table des jeux).

5. Facilité d'adaptation à différentes situations.

En outre des jeux décrits dans le présent manuel, il existe nombre de jeux nationaux très intéressants qu'un moniteur avisé ne manquera pas de mettre à profit.

CROIX-ROUGE AMÉRICAINE DE LA JEUNESSE

TERRAINS DE JEUX

Liste de jeux recommandés pour la Maison, l'Ecole et le Terrain de jeux

MAISONS ET CHAMBRES D'ENFANTS

Age : 1 à 3 ans

JEUX INDIVIDUELS

Aucune classification. Garçons et filles ensemble.

CARACTÉRISTIQUES DE L'AGE

Toute première enfance

L'amour du mouvement prédomine ainsi que l'amour des couleurs vives. Les bébés aiment tirer, pousser, se balancer, être bercés ; ils imitent beaucoup : ils aiment le sable, les cubes, la boue, etc.....

PREMIERS JEUX DE L'ENFANCE

Mouvements du corps ayant pour but le développement des sens : toucher, goût, odorat, etc... Employer une crécelle et des jouets simples.

JEUX POUR ENFANTS PLUS AVANCÉS

Les rondes enfantines, le sable, les poupées, la course, grimper, etc...

EXPLICATION

Les règlements de la liste des jeux donnés sur cette feuille se trouvent dans ce manuel. Les jeux ont été désignés par âge. Quelquefois les mêmes jeux conviennent à plusieurs âges. Cette liste n'est pas du tout complète, mais servira de guide pour choisir les jeux.

Age : 4 à 6 ans

JEUX INDIVIDUELS

Aucune classification. Garçons et filles ensemble.

CARACTÉRISTIQUES DE L'AGE

Grande activité. Amour du mouvement, chants, jeux de poupées, cubes. Rythme, collection d'objets, raconter des histoires, compter, etc., les jeux d'imagination, imitation en organisant des scènes, Père Noël, etc...

JEUX

Anneaux voyageurs.
Balançoires.
Boite de sable.
Glissades.
Jeux de ballon.
Jeux et rondes simples.
Patauger dans l'eau.
Raconter des histoires.
Suivez le chef.
Jeux de touche.
L'écureuil dans l'arbre.
Le chat dans le coin
Le chat et la souris.
Minuit.

Age : 7 à 10 ans

JEUX PAR GROUPES

Classification : Garçons : 25-30 kgs ; Filles : 7-9 ans (débutants).

CARACTÉRISTIQUES DE L'AGE

Age auquel on aime construire, se battre. L'instinct de l'imitation prédomine. Les particularités de sexe se manifestent. Curieux et bruyants, les garçons veulent imiter les hommes.

La chasse et la rivalité semblent prédominer. Jeux pour grimper. On passe des jeux individuels aux jeux par groupes.

Les filles aiment les jeux actifs, libres, la course, grimper, les tours de force, etc...

JEUX ACTIFS POUR GARÇONS

1. *Jeux par groupes*

Arrêtez le ballon.
Attrapez le ballon.
Base du milieu.
La chasse.
La chasse au caillou.
Le caillou.
La colline gardée.
La coquille d'huître.
Esquivez le ballon.
Jacques endormi.
La ligne dangereuse.
Les longues marches (étude de la nature).
Le loup. | Le loup et le bétail.
Minuit. | La natation.
Le renard boîteux et les poussins.
Le renard et les oies sur les anneaux voyageurs.
Le serpent empoisonneur.
Tape jack.
Voler les bâtons.
Touché indien ou japonais.

2. *Jeux d'équipes*

Bat-ball. | Foot-ball.
Coup de pied à la balle. | Long-ball.
Net-ball.

3. *Course et jeux d'adresse*

Voir épreuves d'après poids 25-30 kgs

4. *Jeux tranquilles*

Le chercheur d'or.
Fabrication de cerf-volants.
Oiseau, bête ou poisson.
Tu remues.
Saynètes. | Théâtre éducatif.

JEUX POUR FILLES 7 A 10 ANS

1. *Jeux par groupes*

Attrapez le ballon.
Base de milieu.
Basket-ball à 6 trous.
Colline gardée.
Coquille d'huître.
Danses et jeux nationaux.
Danses interprétatives.
La natation.
Les longues marches (étude de la nature).
Relai de sac de haricots et basket-ball.
Le renard et les oies sur les anneaux voyageurs.
Sauter et atteindre.
Simple course de relais.
Tape jack.
Les fleurs et le vent.
Tours de force.
Voler les bâtons.

2. *Jeux d'équipes*

Bat-ball.
Coup de pied à la balle.
Net-ball.

3. *Jeux tranquilles*

Boite de sable.
Chercheurs d'or.
Magasin de poupées.
Oiseau, bête ou poisson.
Le professeur.
Patauger dans l'eau.
Travail manuel.
Tu remues.
Saynètes. | Théâtre éducatif.

Age : 11 à 15 ans

JEUX D'ÉQUIPES

Classification : Garçons : 30-35 kilos

Filles : 10-12 ans (classes primaires) ; 13-15 ans (classes supérieures)

CARACTÉRISTIQUES DE L'AGE

Age de la loyauté. Adoration des héros. Jeux d'équipes. Age des « clans ». Développement de l'instinct de la « propriété ». Les garçons agissent par groupes sous la direction des chefs. Tendance au « crime ». Les garçons et les filles se séparent pour quelque temps vers cet âge. Il est très important que les jeux des filles soient bien dirigés. Développement très rapide des sens sexuels. Epoque de la gaucherie, de la paresse et de la conscience de soi-même, aussi bien chez les garçons que chez les filles.

JEUX ACTIFS POUR GARÇONS

1. *Jeux d'équipes*

Base-ball. | Long-ball.
Basket-ball. | Net-ball.
Foot-ball. | Tennis.
Hand-ball.

2. *Jeux par groupes*

L'aviron.
La balle cavalière.
La boxe.
Le cochon dans un trou.
Esquivez le ballon.
Le fouet frappe.
Jeux de barres.
Longues marches (étude de la nature).
La lutte.
La lutte en tirant.
La natation. | Passe ballon.
La pile de sacs. | Relais-navette.
Le serpent empoisonneur.
Tours de force.
Le dernier couple.
Le canard sur le rocher.
Le fer à cheval.

3. *Course et jeux d'adresse*

Voir épreuves 35 kilos et illimité.

4. *Jeux tranquilles*

Jeu de dames. | Dominos.
Fabrication de cerf-volants.
Jeux de patience.
Relais de sacs de haricots et de basket-ball.
Saynètes.

JEUX POUR FILLES 11 A 14 ANS

1. *Jeux d'équipes*

Balle au camp.
Ballon. | Base-ball.
Court basket-ball divisé en 9 carrés.
Long-ball. | Net-ball.
Tennis.
Epreuves decathlon.

2. *Jeux tranquilles*

Charades. | Jeux de dames.
Oiseau, bête ou poisson.
A la recherche de l'or.
Relais de sacs de haricots et de basket-ball.
Saynètes. | Art théâtral.

3. *Jeux par groupe*

Aviron.
Basket-ball à 6 trous.
Campement.
Danses nationales.
Danses interprétatives.
Lancement du basket-ball pour la distance.
Longues marches (étude de la nature).
Passe ballon. | Relais carré.
Relais de la navette.
Relais de massues.
Steeple-chase.
Touché par couples.
Tours de force.
Le cochon dans un trou.

« ARRETEZ »..... BALLON ! ! !

5 à 20 joueurs

Dehors ou dans le gymnase, balle ou ballon.

On commence ce jeu en lançant une balle contre un mur ou sur le toit d'une maison d'où elle peut redescendre. Les joueurs sont numérotés et sont en groupes ou en rangs, de 3 à 7 mètres du mur. Un des joueurs lance la balle comme indiqué plus haut en appelant le numéro d'un des autres ; ce dernier doit s'élancer et attraper la balle avant qu'elle ne touche le sol pendant que les autres joueurs courent aussi loin qu'il leur est possible.

Si le joueur appelé attrape la balle avant qu'elle ne touche le sol, les autres reviennent et celui qui tient la balle la jette de nouveau en appelant un autre joueur. Si le nouvel appelé n'attrape pas la balle, le joueur qui lance crie « Arrêtez » et tous les autres joueurs doivent s'arrêter dans leur course. Le joueur qui lance la balle la ramasse alors où elle se trouve et de là vise un des joueurs. Si ce dernier est touché, il crie « touché », les autres joueurs partent alors immédiatement mais sans retourner au mur et s'arrêtent dès que celui qui a été touché crie « Arrêtez », ce qu'il doit faire en ramassant la balle.

On continue ainsi tant que la balle manque de toucher un des joueurs. Tous retournent alors à leur point de départ où le dernier qui a lancé la balle la jette contre le mur et le jeu recommence.

On doit tenir compte du nombre de fois que celui qui jette le ballon manque le but visé.

Chaque fois que ceci arrive, le fautif devra donner un gage qu'il devra racheter à la fin de la partie.

ATTRAPEZ LE BALLON

10 à 30 joueurs, ou plus, préau ou gymnase, balle ordinaire, basket-ball, sac de haricots.

1° *Pour petits enfants*

Tous les joueurs sauf un forment un cercle en gardant deux ou trois pieds de distance entre chacun.

Le joueur qui est resté hors du cercle essaie d'attraper la balle qui est lancée rapidement d'un joueur à l'autre entre ceux composant le cercle ; s'il réussit, celui qui a touché la balle en dernier change de place avec lui.

2° *Pour des joueurs plus avancés et plus adroits*

Le jeu se forme de la même manière, mais en prenant de plus grandes distances entre chaque joueur, ce qui donne un plus grand espace pour jouer. Les joueurs forment un cercle en gardant de 6 à 8 pieds de distance entre chacun. Les joueurs qui forment le cercle jettent la balle de l'un à l'autre. Celui qui se tient au milieu doit essayer de l'attraper ou de la jeter par terre. Les joueurs d'un cercle peuvent essayer de lancer la balle au-dessus de la tête des autres joueurs, ils peuvent la lancer où ils veulent en travers du jeu ou autour, en feignant de la jeter dans une direction et se tournant brusquement pour la jeter dans une autre, etc., pour tromper les joueurs du centre. Le joueur du cercle qui a touché la balle en dernier change de place avec celui qui est au centre quand celui-ci attrape ou touche la balle.

BALLE AU CAMP

10 à 100 joueurs. Terrain de jeu : gymnase. Baskett-Ball.

Le terrain. — Le terrain doit mesurer à peu près 6 m. × 12 m. (voir calque bleu) et sera divisé en deux par une ligne en travers.

Joueurs. — Les joueurs au nombre de 10 à 100 sont divisés en deux camps égaux. Chaque camp s'aligne un de chaque côté de la ligne du milieu et à peu près à 1 m. (voir calque bleu) de celle-ci.

Le but du jeu. — Le but de ce jeu est de lancer la balle au-dessus de la ligne de limite du côté adversaire. Un joueur qui réussit à faire ceci gagne un point. Comme chaque joueur s'aligne au point de départ à 1 m. de la ligne du centre, il est possible pour chacun d'intercepter la balle au point de départ. N'importe quel joueur de la ligne peut cependant courir en arrière de la ligne de départ pour empêcher la balle d'aller au-dessus de la limite arrière, et le point auquel la balle a été arrêtée par un tel joueur indique le point auquel l'équipe devra s'aligner pour la prochaine partie. Il y a donc un deuxième but dans ce jeu, celui de forcer ses adversaires à reculer jusqu'à ce qu'ils atteignent la ligne de limite-arrière où ils ont moins de chance d'intercepter la balle que s'ils avaient une position plus avancée, car leurs mouvements sont plus restreints.

Par exemple, l'équipe A. lance la balle à la limite de l'équipe B. Ce dernier (l'équipe B.) en courant plusieurs pas en arrière réussit à intercepter la balle à une distance de, disons 1 m. 50 (voir calque bleu) derrière la première ligne de départ. Toute l'équipe alors prend place sur cette nouvelle ligne et lance la balle à la limite du côté adversaire, essayant de les forcer à reculer de la même façon aussi loin que possible pour attraper la balle.

Départ. — On tire au sort pour savoir quel côté aura en premier la balle. La balle est alors donnée au joueur qui se trouve au milieu du rang qui lance le premier coup. Après ce premier coup, la balle peut être lancée par n'importe quel joueur du rang.

Règlements et points de jeu. — Les joueurs peuvent courir en avant de leurs premières ou successives lignes de départ pour attraper la balle. mais la ligne de départ ne peut jamais être avancée au delà de sa première position. Après qu'on a forcé la ligne à reculer cependant, si la balle est attrapée à n'importe quel point entre la dernière et première ligne de départ, la ligne avance au nouveau point. Si la balle roule par terre, le point auquel elle s'arrête ou est arrêtée par un des joueurs qui essaye de l'attraper indique la ligne à laquelle les joueurs doivent prendre place. Cependant aucune balle ne gagne un point si elle roule en dehors de la limite arrière. Si une équipe a été forcée de reculer jusqu'à la ligne de la limite arrière, elle doit rester tout le temps sur cette ligne. En ce cas, tous avanceront à la nouvelle position. Aucun joueur ne peut dépasser la ligne de la limite.

Les points. — Un point est gagné par le camp qui lance la balle chaque fois que la balle est jetée en dehors de la ligne de la limite arrière du côté adversaire. Cinq points constituent un jeu.

LA BALLE CAVALIERE

Plein air. Gymnase. Basket-ball, balle ordinaire.

Ce jeu de ballon se joue avec la moitié des joueurs montés sur le dos de l'autre moitié. Il est donc désirable que les couples soient autant que possible de la même taille et du même poids.

Les joueurs forment un cercle par couple : pour faire ceci ils s'alignent en deux colonnes ; cette double ligne marche et forme un cercle, s'arrête et tous se tournent face au centre. Ceci forme deux cercles concentriques. Il faut garder une distance considérable entre chaque couple. En d'autres termes, ce cercle sera très grand comparativement au nombre de joueurs. On tirera au sort pour savoir quels seront les cavaliers et quels seront les « chevaux » en premier. Les chevaux alors font une flexion du corps en avant, en appuyant leurs mains sur leurs genoux ou sur les cuisses, juste au-dessus des genoux. Les genoux doivent être raides, non pas fléchis. Quand les chevaux seront en position, les cavaliers monteront dessus en se mettant à califourchon sur leurs épaules. Pour mettre le jeu en train, un des joueurs lance la balle à un autre. Et le jeu consiste :

1° Pour les cavaliers à garder la balle en mouvement continuel ;
2° Pour les chevaux d'empêcher le cavalier d'attraper la balle.

Pour ceci, les chevaux peuvent être très rétifs, peuvent faire un tour complet dans n'importe quel sens mais sans quitter la place qui leur est assignée dans le cercle.

Quand un cavalier manque la balle tous les cavaliers doivent mettre pied à terre et courir dans toutes les directions : le cheval appartenant au cavalier maladroit doit immédiatement ramasser la balle et crier : halte ! dès qu'il l'a en main. Tous les cavaliers doivent s'arrêter net et le joueur qui tient la balle essaie d'attraper son propre cavalier. Celui-ci essaie d'esquiver la balle en se baissant ou en sautant, mais il n'a pas le droit de quitter sa place. Pendant ce temps les autres chevaux gardent leur place dans le cercle pour que celui qui lance la balle ne les confonde pas avec les cavaliers. Si le joueur (cheval) qui lance la balle à son cavalier démonté l'atteint, tous les chevaux et cavaliers changent de place : les cavaliers deviennent chevaux et les chevaux cavaliers. Si le joueur qui a lancé la balle n'atteint pas son cavalier, les cavaliers remontent sur leurs chevaux et le jeu reprend à partir du commencement.

Il n'est pas permis à un cavalier de garder la balle quelle que soit la difficulté de la position dans laquelle il se trouve à ce moment, il doit la relancer de suite. Il serait bon d'avoir toujours un chef d'équipe, soit un joueur ou non-joueur qui veillera aux fautes, donnera les commandements de monter ou descendre et qui annoncera si la balle atteint ou non le but.

LES BARRES

10 à 60 joueurs

Un but avec une petite prison à côté, placée dans le coin de droite, est marquée de chaque côté du gymnase ou du terrain de jeu. L'espace entre les deux buts est territoire neutre. Les joueurs forment deux équipes et prennent possession chacune d'un but. Alors un joueur se met en route et essaie d'atteindre le but opposé sans avoir été touché. Immédiatement, ses adversaires envoient un joueur à sa poursuite. Un second joueur sort pour protéger le premier et ainsi de suite. Si à n'importe quel moment un joueur arrive à atteindre le but adversaire sans avoir été touché, la partie est gagnée pour son équipe. Chaque joueur peut seulement toucher ceux des joueurs qui ont quitté leur but avant qu'il n'ait quitté le sien. Tous les joueurs peuvent se trouver sur le territoire neutre en même temps quoiqu'il vaille mieux ne pas laisser le but sans protecteur. Un joueur est libre de rentrer dans son but quand cela lui plaira.

Un joueur touché doit aller en prison dans le camp de l'adversaire et doit y rester jusqu'à ce qu'il soit délivré par un des siens.

Celui qui va à son secours doit réussir à le toucher, sans avoir été touché lui-même. S'il réussit, tous deux peuvent retourner à leur propre but, sans qu'on les empêche d'y aller, mais s'il est touché lui-même avant d'arriver au prisonnier, il devient prisonnier.

Un prisonnier peut aider celui qui vient à son secours en lui tendant la main aussi loin que possible pourvu qu'il garde un pied derrière la ligne de la prison.

S'il y a plusieurs prisonniers, ils peuvent se donner la main et s'étendre sur le territoire neutre. Le dernier joueur de la chaîne ainsi formée doit se trouver dans la prison et pas plus d'un prisonnier ne peut être délivré à la fois.

REGLES DU JEU DE BASE-BALL

Chapitre premier

Règle 1. — Le base-ball se joue sur un terrain plat sur lequel on trace un carré qui est connu sous le nom *d'intra-champ* (infield).

Règle 2. — *L'intra-champ* est limité par des pistes de courses, de base à base. Les bases sont placées à angle droit l'une de l'autre, à trois coins de *l'intra-champ*. Le quatrième coin est occupé par la *plaque de but*. La distance entre les bases est de 21 m. 45.

Règle 3. — Le terrain compris au de là de la première, deuxième et troisième base se nomme l'extra-champ ; il est limité par des lignes de prolongement des pistes, allant de la *plaque de but* à la première base et de la *plaque de but* à la troisième base.

Règle 4. — *L'intra-champ* et *l'extra-champ* composent le *champ valide*. Le terrain compris en dehors du *champ valide* est considéré comme *champ nul*.

Les bases

Règle 5. — Les bases doivent être faites en canevas et avoir la forme de sacs carrés de 0 m. 40 de côté et environ 0 m. 10 d'épaisseur : ces sacs doivent être remplis avec de la paille ou quelque chose d'analogue ; ils seront fixés au moyen de courroies à des coins de bois enfoncés dans le sol ; chaque fois qu'une partie se jouera, les bases devront être blanchies au préalable.

Règle 6. — La *plaque de but* doit être faite en caoutchouc durci ou bois dur ; elle sera enfoncée dans le sol afin que le dessus soit au niveau du sol.

Règle 7. — La *plaque du lanceur,* sur un terrain de grandeur réglementaire, est située à 18 m. 45 de la *plaque de but* sur la ligne droite reliant la plaque de but à la deuxième base ; elle consistera également en une plaque de caoutchouc durci : de même que la *plaque de but,* celle-ci doit être enfoncée dans le sol afin d'être à niveau. Cette plaque doit avoir la forme d'un parallélogramme de 0 m. 60 de long sur 0 m. 15 de large. Les côtés les plus longs doivent être à angle droit avec la *plaque de but.*

Note. — Quand on emploiera une balle douce, la dimension de l'intra-champ sera réduite suivant les besoins, les mêmes proportions étant observées. Un parallélogramme de 20 m. de base est recommandé.

La balle

Règle 8. — La balle doit peser 125 grammes et doit avoir une circonférence de 21 cm.

Note. — Pour les terrains de jeux on doit employer la « playground ball » qui a une circonférence de 30 cm.

Règle 9. — La batte doit être ronde et ne doit pas avoir plus de 7 cm. de diamètre au point le plus épais.

Note. — Pour la « playground ball », 5 cm.

Les moufles et les gants

Règle 10. — *L'attrapeur* et le *servant de première base* peuvent se servir de gants ou de moufles de n'importe quelle grandeur, forme ou poids. Les autres joueurs sont tenus de porter des gants ou moufles ne pesant pas plus de 280 grammes et n'ayant pas plus de 0 m. 35 de tour de paume.

Chapitre II

Règlement de champ

Règle 1. — Il ne sera permis à personne de se tenir sur une partie quelconque du *Champ de jeu*, excepté les équipiers et l'arbitre.

Règle 2. — Deux équipes de 9 joueurs chacune sont nécessaires pour un match. Les *servants de bases* et de *champ* sont connus sous le nom de : *lanceur*, *attrapeur*, première base, deuxième base, troisième base : *bloqueur*, champ de gauche, champ du centre et champ de droite. Aucun servant n'est obligé d'occuper une place spéciale sur le champ, excepté le lanceur qui doit toucher du pied la plaque du lanceur chaque fois qu'il lance une balle au batteur, et l'attrapeur qui doit être entre les lignes de la place qui lui est réservée derrière le batteur, et pas plus loin que 2 m. 50 de la plaque de but.

Substituts

Règle 3. — Il est nécessaire d'avoir toujours un nombre suffisant de *substituts*, afin de remplacer ceux des joueurs qui pour une cause quelconque se trouveraient dans l'impossibilité de continuer la partie.

Règle 4. — Le capitaine de l'équipe, avant de faire un remplacement doit le notifier à l'arbitre qui à son tour doit le notifier au capitaine de l'équipe adverse.

Règle 5. — Tout substitut doit prendre la place, soit au service ou à la batte que laisse le joueur qu'il remplace.

Choix de la manche

Règle 6. — Le choix de la manche (innings) revient à l'équipe invitée.

Chapitre III

Jeu réglementaire

Règle 1. — Le jeu commence avec les servants de l'équipe qui a choisi la manche ou l'entrée en jeu dans l'ordre respectif de leurs positions. Le premier batteur inscrit sur la liste de l'équipe adverse se placera à son poste à la plaque du but, et ne la dépassera pas pour atteindre la balle.

L'arbitre

Règle 2. — Si l'arbitre est seul (deux arbitres sont permis), il se placera soit derrière le lanceur, soit derrière l'attrapeur de façon à pouvoir juger les balles lancées, soit qu'elles soient bonnes ou mauvaises ; déclarer les mises hors jeu (outs) ; décider sur une balle à faux et en général sur tout ce qui demande son intervention. Ses décisions sont indiscutables, sauf par le capitaine d'une des équipes, et seulement dans le cas où il s'agit de savoir si le code a été dûment observé.

Aides de camp

Règle 3. — L'équipe à la batte a droit à deux aides de camp sur le champ, un près de la première base et l'autre près de la troisième base. Ils ne peuvent pas s'approcher de moins de 5 m. de la base. Ils peuvent aider et guider verbalement un coureur de bases ou le batteur.

La partie

Règle 4. — La partie se joue en neuf manches (innings). Elle est gagnée quand une des équipes a marqué plus de points que l'autre en neuf manches. Dans le cas d'égalité à la fin de la neuvième manche, le jeu continuera jusqu'à ce qu'une des équipes ait marqué plus de points que l'autre dans un nombre égal de manches.

Lancement de la balle

Règle 5. — Le lanceur au moment de lancer la balle, doit faire face au batteur, ses deux pieds en équerre, et quand il la délivre, il doit poser un pied en avant sur la plaque du lanceur.

Règle 6. — La balle doit être lancée par le lanceur à l'attrapeur, par-dessus la plaque de but à une hauteur variant entre le genou et l'épaule du batteur, et ne pas s'éloigner à plus de 0 m. 50 du corps du batteur. Toute balle lancée en dehors de ces limites sera comptée comme mauvaise, et quatre balles mauvaises donnent droit au batteur d'aller à la première base, à moins qu'il ait essayé de la frapper, ce qui comptera comme une frappe en faveur du lanceur.

Règle 7. — Au commencement de chaque manche, le lanceur a le droit de lancer trois fois la balle à l'attrapeur ou à un de ses servants de bases, et le batteur devra s'écarter de sa place.

Règle 8. — Lorsque le batteur sera à son poste, le lanceur ne devra pas lancer la balle à un servant de bases à moins qu'il n'y ait un coureur de bases en jeu et qu'il veuille le mettre hors jeu. Dans le cas où il aurait enfreint cette règle, et que dans l'opinion de l'arbitre il essayerait de retarder la partie, l'arbitre peut compter toute balle ainsi lancée comme une mauvaise balle ; de même si le lanceur prend plus de 20 sec. à lancer une balle, une mauvaise balle sera comptée.

Une triche (A balk).

Règle 9. — Une triche est comptée contre le lanceur :

1° Chaque fois qu'il lance une balle à l'une des bases, pour mettre hors jeu un coureur de base, sans s'être tourné vis-à-vis de la base visée ;

2° Quand un de ses pieds est en arrière de la plaque du lanceur, au moment de lancer la balle ;

3° Quand il omet de faire face au batteur au moment du lancement ;

4° Quand, dans l'opinion de l'arbitre, il a cherché à retarder le jeu ;

5° Quand il fait le simulacre de lancer sans délivrer la balle ;

6° Quand il lance la balle à l'attrapeur, ce dernier n'étant pas à sa place.

Règle 10. — Une triche donne droit au coureur de bases d'avancer d'une base.

Balle morte

Règle 11. — Une balle morte est une balle lancée et qui touche le batteur avant que l'attrapeur ne l'ait reçue ; en ce cas, aucun coureur de bases n'a le droit de se déplacer. Le batteur, néanmoins, doit être à sa place et faire tout effort pour éviter que la balle le touche.

La balle n'est pas en jeu

Règle 12. — La balle n'est pas en jeu avant qu'elle soit de retour dans les mains du lanceur :

1° Si un batteur frappe à faux ;

2° Si une balle à faux n'est pas attrapée ;

3° Si l'arbitre déclare une balle morte ;

4° Si la balle touche un coureur ou l'arbitre, avant de toucher un servant. Dans ce cas, aucun coureur de bases n'a le droit de se déplacer de la base qu'il occupe.

Un « Block »

Règle 13. — Quand une personne ne faisant pas partie d'une des équipes en jeu touche une balle frappée ou lancée, la balle est bloquée, l'arbitre doit l'annoncer immédiatement et les coureurs de bases auront le privilège d'avancer d'une base, jusqu'à ce que la balle revienne aux mains du lanceur qui doit se trouver à son poste.

Règlement de la batte

Règle 14. — Avant de commencer le match, les capitaines des deux équipes aux prises doivent donner à l'arbitre une note indiquant l'ordre à la batte de leurs équipiers respectifs. L'arbitre communiquera ensuite à chaque capitaine la note de son adversaire.

Règle 15. — L'ordre de la batte doit être maintenu pendant toute la durée du match, excepté quand un joueur a été substitué à un autre. Le substitut prend toujours la place du joueur qu'il remplace, dans l'ordre de la batte.

Règle 16. — Tous les joueurs, à tour de rôle, doivent aller à la batte, et dans l'ordre de roulement indiqué sur la note mentionnée dans la règle 14, à moins qu'un substitut soit autorisé à prendre sa place.

Règle 17. — Après chaque manche, le batteur qui entre en jeu est celui qui suit le dernier batteur à la batte de la manche antérieure, à moins que ce dernier n'ait pas eu le temps de frapper une balle, et qu'un coureur de bases soit mis hors jeu. Dans ce cas, c'est lui qui devient le premier batteur et les frappes, bonnes ou mauvaises, qu'il a pu enregistrer dans la manche antérieure seront nulles.

Règle 18. — Une balle valide (fair ball) est une balle frappée qui tombe dans les limites du champ valide.

Règle 19. — Une balle à faux est une balle frappée dans le champ nul, soit de côté, soit derrière le batteur.

Règle 20. — Un *tip* à faux est une balle qui effleure la batte et s'élance directement dans les mains de l'attrapeur.

Règle 21. — Un *bunt* est une balle frappée légèrement et qui tombe dans l'intra-champ non loin du batteur. Dans le cas où une balle à faux en résulterait et ne serait pas légalement attrapée, le batteur aura une mauvaise frappe la première, deuxième ou troisième balle bonne en faveur du lanceur.

Règle 22. — Si le batteur essaye de frapper une balle lancée et la manque, une *frappe* sera comptée.

Règle 23. — Un *tip* à faux qui a été attrapé par l'attrapeur est compté comme une *frappe*.

Règle 24. — Une frappe à faux soit qu'elle aille en l'air ou qu'elle roule sur le champ valide et rebondisse sur le champ nul est une frappe à moins que le batteur en ait déjà deux en sa défaveur.

Règle 25. — Après deux balles criées *frappe* par l'arbitre, le batteur peut frapper à faux, sans que celle-ci lui soit comptée comme frappe, à moins qu'il *bunt* ou qu'il soit mis hors jeu par un vol à faux attrapé par un servant.

Règle 26. — Tout *bunt* qui roule hors du champ valide est compté comme une frappe.

Règle 27. — Quand le batteur essaie de frapper une balle lancée légalement, s'il la manque et que la balle le touche, une *frappe* sera comptée.

Règle 28. — Quand le batteur n'est pas à sa place et qu'il frappe une balle de quelque manière que ce soit, elle comptera comme *frappe* et il sera mis hors jeu.

Règle 29. — Le batteur est hors jeu quand un vol à faux, autre qu'un tip à faux, est attrapé par un servant, pourvu que ce dernier n'use pas de sa casquette, son protecteur ou autre moyen illégal pour l'attraper, et pourvu que la balle ne touche pas un objet autre qu'un servant avant d'être attrapée.

Règle 30. — Le batteur est hors jeu s'il gêne l'attrapeur dans ses fonctions.

Règle 31. — Le batteur est hors jeu quand trois frappes ont été criées et que la première base est occupée, soit que l'attrapeur tienne ou non la balle, excepté s'il y a déjà deux équipiers hors jeu.

Règle 32. — Le batteur est hors jeu, si, quand il essaie de frapper une troisième balle, la balle touche une partie de son corps. Dans ce cas les coureurs de bases ne doivent pas avancer.

Règle des coureurs de bases

Règle 33. — Quand le batteur a frappé une balle réglementaire, il devient un coureur de bases, et à moins qu'il ne soit mis hors jeu dans l'intervalle, il doit toucher les première, deuxième et troisième bases et finalement la plaque de but dans leur ordre successif afin de pouvoir marquer un point.

Règle 34. — Aucun coureur de bases ne peut marquer un point avant celui qui le précède dans l'ordre à la batte, si ce joueur est aussi un coureur de bases.

Règle 35. — Le batteur doit courir à la première base immédiatement après avoir frappé régulièrement une balle ou lorsque quatre mauvaises balles ont été criées contre le lanceur, ou que trois frappes ont été annoncées par l'arbitre.

Règle 36. — Si le batteur est touché par une balle lancée par le lanceur, et que l'arbitre est convaincu qu'il n'a pas cherché à arrêter la balle et qu'il a tout fait pour l'éviter, il aura le droit de se rendre à la première base sans être mis hors jeu.

Règle 37. — Le batteur a le droit d'aller à la première base si l'attrapeur le gêne ou essaie de lui faire manquer une balle.

Règle 38. — Le batteur a le droit d'aller à la première base dans le cas où une balle légalement frappée touche un des joueurs dans l'intra-champ ou l'arbitre.

Règle 39. — Quand l'arbitre a autorisé le batteur à aller à la première base, d'après les règles 36, 37, 38, tous les coureurs de bases immédiatement devant lui peuvent avancer d'une base, à moins que la première base soit inoccupée.

Les coureurs de bases ont le droit d'avancer d'une base :

1° Quand l'arbitre crie une triche (balk) ;

2° Quand la balle, après avoir été lancée par le lanceur, n'est pas attrapée par l'attrapeur, et le dépasse de 27 mètres environ ;

3° Quand un servant gêne le jeu d'un coureur de base, à moins que le servant ne tienne la balle dans ses mains.

Tous les coureurs de bases ont droit à trois bases chaque fois qu'un servant arrête ou attrape une balle frappée avec sa casquette, son gant ou une autre partie quelconque de son uniforme détachée de sa place habituelle sur sa personne ; si c'est une balle lancée, les coureurs ont droit à 2 bases.

Règle 40. — Si une balle lancée par le lanceur ou un servant touche la personne ou les vêtements de l'arbitre, la balle n'est pas morte et les coureurs de bases ont droit à toutes les bases vers lesquelles ils pourront avancer.

Règle 41. — Quand une balle morte a été criée par l'arbitre et que le coureur de bases a essayé d'avancer, il doit revenir à sa base, sans pour cela être mis hors jeu, à moins que ce soit la quatrième balle mauvaise lancée au batteur : dans ce cas, si ce sont : la première, ou la première et seconde, ou la première, seconde et troisième bases qui sont occupées, les coureurs avanceront à la prochaine base dans l'ordre successif.

Règle 42. — Si l'arbitre gêne l'attrapeur au moment de lancer une balle, les coureurs de bases qui auront essayé d'avancer devront retourner à leur base de départ, sans toutefois pouvoir être mis hors jeu à leur retour.

Règle 43. — Si le batteur essaie de frapper une balle lancée par le lanceur, et la manque, et que la balle le touche, le coureur peut revenir à sa base sans être mis hors jeu.

Règle 44. — Si une balle légalement frappée en vol est attrapée par un servant quelconque en champ valide ou champ nul, le batteur est hors jeu.

Règle 45. — Si l'attrapeur n'a pu attraper la troisième frappe (strike) criée par l'arbitre parce que le batteur l'en empêche, le batteur sera hors jeu.

Le batteur est hors jeu quand l'attrapeur a tenu dans ses mains la troisième balle criée frappe. Dans le cas où il la laisse tomber, le batteur sera hors jeu, si l'attrapeur le touche avec la balle, ou la lance à la première base, avant que le batteur y soit arrivé et que le servant, en recevant la balle, touche la base avec une partie quelconque de son corps.

Si après avoir légalement frappé une balle il court à la première base et dans cette action s'écarte de plus d'un mètre de la piste, à moins que ce ne soit pour éviter un servant qui essaie d'attraper la balle frappée.

Règle 46. — Quand un coureur de bases est en chemin de la première à la deuxième, de la deuxième à la troisième, de la troisième au but, ou inversement, il ne doit pas s'écarter de plus d'un mètre de la piste, et s'il s'en écarte pour éviter un servant, il est hors jeu.

Règle 47. — Le coureur de bases peut être renvoyé du champ s'il empêche un servant d'attraper une balle, à moins que deux servants essaient d'attraper la même balle.

Règle 48. — Le coureur est toujours hors jeu quand il est touché avec la balle dans la main d'un servant, à moins qu'il se tienne sur la base qu'il doit légalement occuper. La balle néanmoins doit être conservée par le servant un moment après l'avoir touchée, et si le coureur fait tomber la balle exprès des mains du servant il est hors jeu.

Règle 49. — Si un coureur ne retourne pas à sa base de départ, après qu'une balle à faux ou en volée a été attrapée (sauf un *tip à faux*) avant que la balle soit lancée à sa base et tenue légalement par le servant de la dite base ou que le coureur soit touché par un servant avec la balle dans la main, avant qu'il ait eu le temps de revenir à la base qu'il occupait, en dernier lieu, le coureur est hors jeu, excepté si la balle a été lancée au lanceur et que ce dernier la lance à l'attrapeur, dans ce cas cette règle ne sera pas appliquée.

Règle 50. — Si une base se détache de sa courroie, le coureur ne pourra pas être mis hors jeu.

Règle 51. — Si un coureur est à la première base ou que des coureurs se trouvent à la première, deuxième, et à la première, deuxième et troisième bases, ils sont forcés d'avancer quand un batteur a frappé une balle légalement, excepté dans le cas où ce serait une *volée* qui tombe dans le *champ valide*. Les coureurs de bases peuvent être mis hors jeu à n'importe quelle base suivante si la balle est attrapée et qu'elle soit tenue un moment par le servant, ou le coureur peut être touché entre les bases d'une façon légale. Après qu'un vol à faux a été attrapé ou après qu'un envol à l'extra-champ a été attrapé, le coureur de bases a le privilège d'essayer d'arriver à la prochaine base.

Règle 52. — Un coureur de bases qui a été touché par une balle légalement frappée en champ valide est hors jeu, et dans ce cas aucune base ne sera courue, à moins que le batteur devienne un coureur de bases, mais aucun point ne sera marqué, ni aucun coureur de bases ne pourra être mis hors jeu autre que celui qui a été touché par la balle, et ceci jusqu'à ce que la balle retourne au lanceur et que l'arbitre remette la balle *en jeu*.

Règle 53. — Un coureur de bases qui omet de toucher chaque base sur son parcours dans l'ordre successif quand un jeu légal est en cours, est hors jeu, si le servant de la base qu'il a omis de toucher reçoit la balle, et la garde un moment en ayant un pied sur la base, ou que le joueur soit touché pendant le parcours de piste par un servant tenant dans la main la balle en jeu.

Règle 54. — Le coureur est hors jeu s'il occupe la troisième base, qu'il y ait ou non des coureurs hors jeu et que le batteur se mêle à une passe qui se joue au but.

Règle 55. — Le coureur est hors jeu s'il dépasse un autre coureur qui est mis hors jeu entre deux bases. Au moment où il dépasse le coureur hors jeu, l'arbitre le déclarera également hors jeu.

Règle 56. — Quand le batteur court à la première base, il peut la dépasser, s'il y revient de suite et la touche, en ce faisant, il doit se retourner à droite, car une tentative de suivre sa course à la deuxième base lui fait risquer d'être mis hors jeu par le servant de la première base, si celui-ci a la balle en mains.

Règle 57. — Aucun batteur ou joueur, excepté celui qui est à la batte et ceux qui courent entre les bases, n'ont le droit de s'approcher des bases et du champ valide sous peine de révocation.

Règle 58. — Si quand la troisième base est occupée par un coureur, l'aide de camp de la troisième base tente de tromper un servant, lequel essaie de faire un jeu avec une balle frappée qui n'a pas été attrapée au vol, et que par conséquent il ne peut lancer au but, le coureur qui est à la troisième base sera mis hors jeu.

Pointage des courses

Règle 59. — 1° Chaque fois qu'un coureur aura légalement fini le circuit complet du diamant, 1 point lui sera marqué.

2° S'il complète le circuit d'une seule fois sans s'arrêter à une base quelconque 1 point-but (1 home run) sera marqué en sa faveur.

Il faut tenir compte sur la carte de pointage (scoring card) des étapes que le coureur a dû faire pour arriver au but, ainsi que de tous les détails indiquant comment il a été mis hors jeu.

Chapitre IV

Devoirs de l'arbitre

Règle 1. — Quand il y a deux arbitres, l'arbitre qui se place derrière la plaque de but se nomme l'arbitre en chef, et l'autre l'arbitre de champ.

Règle 2. — L'arbitre en chef sera chargé entièrement de la partie et donnera toutes décisions sur les balles et frappes, ainsi que sur les frappes légales et les frappes à faux.

Règle 3. — Il doit s'assurer que toutes les mises hors jeu sont légales et devra les constater sur place.

Règle 4. — L'arbitre de champ donnera les autres décisions.

Règle 5. — Quand il n'y a qu'un seul arbitre, il a tous les droits et toutes les responsabilités.

Règle 6. — Un forfait est compté quand une des équipes refuse de jouer et n'est pas en jeu dans l'espace de 5 minutes, après que l'arbitre a crié « en jeu » (play), si une des équipes refuse de jouer après que le jeu a commencé ; si, après que l'arbitre a suspendu le jeu, une équipe refuse de jouer quand il a rétabli la partie en criant « en jeu » ; si une équipe essaie de retarder la partie ; si les règles sont violées après un avertissement donné par l'arbitre ; s'il n'y a pas neuf joueurs dans une équipe après que l'arbitre en a révoqué un.

L'arbitre a le droit de révoquer tout joueur qui s'oppose à ses commandements, qui se conduit d'une façon inconvenante ou qui emploie des mots obscènes sur le champ.

L'autorité de l'arbitre est absolue et toutes ses décisions sont indiscutables, à moins que le capitaine d'une équipe croie que l'arbitre s'est trompé dans l'interprétation des présentes règles et seuls les capitaines ont le droit de présenter une objection dans ce sens.

Définitions générales

En jeu (play) — C'est l'ordre donné par l'arbitre de commencer ou de recommencer la partie.

Pause (time). — C'est l'ordre lancé par l'arbitre de suspendre momentanément la partie.

Jeu (game). — Est l'annonce faite par l'arbitre quand la partie est terminée.

Manche (inning). — Durée de jeu de chaque équipe à la batte jusqu'à ce qu'il y ait trois joueurs hors jeu de chaque côté.

Temps à la batte (time at bat). — Temps pendant lequel le batteur reste à la plaque de but, face au lanceur, jusqu'à ce qu'il devienne un coureur de bases ou soit hors jeu. En pointant, le batteur est exempté d'un temps à la batte, s'il est devenu un coureur de bases pour suite de quatre mauvaises balles ; s'il sacrifie une frappe ; s'il est touché par une balle lancée par le lanceur ; si l'attrapeur l'entrave dans ses mouvements.

L'intra-champ (in field). — Est le champ intérieur du diamant.

L'extra-champ (out field). — Est le champ situé au delà de la première, deuxième et troisième bases.

Champ valide (fair ground). — Est le terrain qu'occupent l'intra et l'extra-champs.

Champ nul (foul ground). — Est tout le terrain derrière la plaque de but ainsi que du côté des première et troisième bases.

En vol, en volée (fly). — C'est une balle qui est frappée et qui part en l'air plus haut que la hauteur d'un homme.

BASE DE MILIEU

10 à 30 ou plus, joueurs. Préau ou Gymnase. Balle ordinaire ou Basket-Ball.

Tous les joueurs, sauf un, forment un cercle avec une grande distance entre chacun. Le joueur en trop se tient au centre et tient la balle. Il la jette à un des joueurs du cercle et immédiatement se met à courir en dehors du cercle. Le joueur à qui la balle a été envoyée doit l'attraper, puis il la place au milieu du cercle et se met à courir derrière celui qui l'a jetée. Celui qui l'a jetée essaie de retourner au milieu du cercle et de toucher la balle avant que celui qui le poursuit ne le touche. S'il réussit, il se joint au cercle et l'autre joueur lance la balle. Si celui qui a lancé la balle en premier est touché avant de retourner pour toucher la balle, il la relance de nouveau et celui qui le poursuivait retourne prendre sa place dans le cercle.

Ce jeu est très aimé des enfants.

BASKET-BALL A SIX TROUS

Quelquefois on appelle ce jeu « Premier sauvé ».

Six cercles de 90 cm. de diamètre sont tracés autour du but du basket-ball.

Les joueurs à tour de rôle essaient de lancer le ballon dans le but en partant du premier cercle. Si le joueur réussit, il va un cercle plus loin, et recommence ainsi de suite ; le gagnant est celui qui réussit à lancer la balle des six cercles, puis il recommence tout le circuit.

Les joueurs continuent à jouer tant qu'ils lancent le ballon dans le but, ce qui leur permet de passer au cercle suivant.

Deux des cercles sont marqués « sauf ». Si un des joueurs surprend un autre joueur dans un cercle qui n'est pas marqué « sauf », le premier joueur doit retourner et tout recommencer.

BASKET-BALL (garçons)

Le « Basket-Ball » est un jeu auquel les enfants peuvent facilement trop s'adonner. Le danger de faire un trop grand effort peut être réduit au minimum en limitant la grandeur de l'emplacement, en divisant l'emplacement et en limitant la durée du jeu.

Suggestion pour la grandeur de l'emplacement : 11 m. × 20 m. (V. calque-bleu) pour les petits garçons, et de 17 m. × 25 m. (V. calque bleu) pour les plus grands garçons.

Réduire la durée du jeu et faire le jeu en plusieurs étapes en donnant des périodes de repos comme suit.

Pour les garçons pesant 30 kg. à 35 kg., quatre périodes de jeu de 7 minutes chacune. Périodes de repos 3-10-3 minutes.

Pour les garçons pesant 35 kg., 45 kg., 50 kg., quatre périodes de jeu de 8 minutes chaque ; périodes de repos 3-10-3 minutes.

Poids illimité. — Quatre périodes de jeu de 10 minutes chacune Périodes de repos de 3-10-3 minutes.

Appareils : Basket-Ball : 2 buts.

5 joueurs : 2 avants.
1 centre.
2 arrières.

1. Pour la durée du jeu, se référer aux indications ci-dessus.

2. Les équipes changent de but à la moitié du jeu.

3. L'arbitre met la balle en jeu en la lançant entre les deux « centres » au commencement de chaque moitié du jeu, après qu'un point a été gagné en la lançant dans le but, et après chaque « balle morte ».

4. Un « centre » qui saute pour attraper la balle doit se trouver de son propre côté du cercle qui est tracé au milieu de l'emplacement du jeu (et alors doit attraper ou taper une seconde fois la balle). Un joueur doit tenir son autre main derrière le dos quand il saute.

5. La balle doit être jetée ou « dribblée » de l'endroit où elle a été attrapée tout en se rendant compte qu'un homme en pleine course ne peut s'arrêter net en attrapant la balle.

6. Une balle est « en dehors » des limites quand elle touche aux lignes qui sont tracées pour délimiter le jeu ou quand un joueur qui tient la balle touche une de ces lignes (l'adversaire du joueur qui a touché la balle en dernier relance la balle dans le jeu).

7. Un joueur peut tenir la balle pendant 5 secondes « en dehors » des limites du jeu (il peut la tenir pour une durée illimitée en dehors de l'emplacement). L'adversaire pour défendre son côté ne peut pas s'avancer au-dessus de la ligne. Un joueur qui rend la balle doit se tenir bien en arrière de la ligne. Un mauvais coup doit être lancé dans les 10 secondes après que la balle a été placée sur la ligne par l'arbitre.

8. Une balle « tenue » est quand deux adversaires se battent pour avoir la balle ou quand un joueur garde la balle au lieu de la mettre en jeu. L'arbitre lance la balle entre les deux joueurs qui se sont battus. Quand les deux joueurs du « centre » tapent la balle en dehors de l'emplacement, la balle est lancée entre les deux joueurs qui sont le plus près de l'endroit où la balle est sortie.

9. Les points pour les buts :

a) Un but gagné directement du jeu = 2 points.

b) Un but gagné par un « mauvais coup » ou un « coup franc » = 1 point.

c) Si on manque le but avec un « coup franc » la balle est tout de même mise en jeu. Si le but est gagné, la balle retourne au centre.

d) Au cas où les deux côtés ont le même nombre de points à la fin de la partie, le jeu peut continuer jusqu'à ce qu'un côté gagne un point en plus. Si au bout de cinq minutes aucun but n'a été gagné on arrête le jeu et la partie est déclarée égale officiellement.

10. Fautes :

Si un joueur commet une des fautes suivantes, *le point ou but ne compte pas.*

a) S'il lance la balle dans le panier quand elle est « morte ».

b) Si, pendant qu'il lance un « coup franc » le joueur touche ou dépasse la ligne avant que la balle n'ait touché le panier ou la planche d'arrêt.

c) Si le joueur prend plus de 10 secondes pour lancer son « coup franc ».

Si le joueur commet une des fautes suivantes, *la balle est donnée à l'adversaire* :

a) S'il est la cause que la balle est lancée dehors.

b) S'il apporte la balle dans l'emplacement du jeu de l'extérieur des limites.

c) S'il touche la balle après l'avoir mise en jeu avant qu'un autre joueur l'ait touché.

d) S'il retient la balle plus de 5 secondes avant de la mettre en jeu.

e) S'il entre dans l'emplacement réservé aux coups francs ou touche les lignes délimitant cet emplacement pendant un coup franc avant que la balle n'ait touché le panier ou la planche d'arrêt.

f) S'il essaie de n'importe quelle façon de gêner ou d'ennuyer le joueur qui a un coup franc.

Pour une violation à ces règles par un joueur appartenant au côté qui lance la balle au but, le but, s'il est gagné, ne comptera pas, et, s'il est manqué, la balle sera *mise en jeu au centre.* Si ces règles sont violées par un joueur du côté opposé, le but, s'il est gagné, comptera, et s'il est manqué, un second coup franc sera permis.

Si un joueur commet une des fautes suivantes l'adversaire aura un coup franc. Il y a deux sortes de fautes, *techniques* et personnelles.

Fautes techniques :

a) Courir avec la balle ; donner un coup de pied à la balle ; frapper la balle avec le poing.

b) Toucher la balle après qu'elle a été donnée à un adversaire en dehors des limites de l'emplacement.

c) Quitter le jeu sans permission.

d) Gêner ou ennuyer un joueur qui rejette la balle dans le jeu.

e) Passer la balle à un joueur pendant qu'on lance un coup franc.

f) Faire un « dribble » illégal. Un joueur ne peut se servir que d'une main pour commencer et continuer le « dribble ».

1. Après avoir commencé à « dribbler » la balle, s'il la touche des deux mains simultanément, il doit alors la passer ou la lancer.

2. Continuer le « dribble » après que le cours de la balle a été arrêté, ne soit-ce que pour une seconde.

3. Frapper la balle en l'air plus d'une fois.

g) Prendre la place d'un joueur comme substitut, sans prévenir l'arbitre.

Fautes personnelles :

En plus d'un coup franc pour le but, donné à l'adversaire, *quatre fautes* personnelles disqualifient le joueur et il doit quitter le jeu. L'arbitre peut disqualifier un joueur s'il en fait trébucher un autre, etc..., ou pour brutalité inutile.

a) Tenir, faire trébucher, bloquer, foncer sur, charger ou pousser un adversaire.

b) La brutalité inutile (l'arbitre peut disqualifier pour les fautes *a* et *b*).

c) Charger sur ou venir en contact avec deux joueurs qui luttent pour la balle (ceci est l'ancien règlement de deux contre un).

d) Charge ou emploi de la brutalité inutile ou de la brutalité flagrante contre un joueur qui lance au but.

Notes. — *Deux coups francs au but sont accordés* et le fautif est disqualifié. Un but gagné, lancé du jeu, compte.

Notes

1. Courir avec la balle et progresser de plus d'un pas dans n'importe quelle direction pendant qu'on retient la balle (interpréter strictement).

2. Une balle n'est pas morte quand elle touche un arbitre ou un juge.

3. On arrête le jeu quand il y a une double faute.

4. On ne fera pas d'entraînement des lignes latérales.

5. Pour une « balle sautée » les joueurs ne peuvent pas attraper la balle avant qu'elle ait été touchée par un des sauteurs.

6. Pour la règle de « deux contre un » la faute n'est pas parce qu'il y a trois joueurs, mais parce que le troisième a chargé.

7. Il faut appeler ou siffler si on retient la balle. Toute balle retenue doit être appelée ou sifflée. Sifflez si un joueur fait la garde derrière son adversaire ; s'il touche son adversaire.

8. On doit « dribbler » d'une main, pas des deux. Un joueur peut gagner un but après avoir « dribblé » la balle.

9. Il faut faire attention tout particulièrement à la discipline dans un jeu. Ne permetre aucune brutalité ou impolitesse aux adversaires ou aux juges et arbitres. Les capitaines d'équipes seuls peuvent s'adresser aux juges et aux arbitres.

10. Tous les joueurs devraient avoir des numéros bien en vue sur leurs vêtements.

11. Veillez à ce que vous ayez de bons juges et arbitres.

12. *Jouez la balle — pas l'homme.*

Notes pour les arbitres

Juges : Surveillez la balle et le joueur qui touche la balle.

Arbitre : Surveillez les joueurs qui sont dans l'emplacemnt et qui ne sont pas près de la balle.

Appeler ou siffler immédiatement les fautes et appliquer les pénalités pour ces fautes.

Ayez assez de volonté pour faire respecter vos décisions.

Soyez assez familier avec les règlements du jeu pour ne pas être obligé de réserver vos décisions.

Expliquez les fautes ; ne grondez pas les joueurs.

Ne laissez pas le public influencer vos décisions.

Souriez, n'ayez pas l'air fâché quand vous décidez de quelque chose.

BASKET-BALL NEUF COURS

Le basket-ball neuf cours offre une rare occasion de faire jouer un grand nombre de joueurs en même temps (18 à 60) et convient très bien pour les groupes mixtes, les adultes et les jeunes filles, car il offre la science du basket-ball sans les dangers.

L'emplacement aura 22 mètres de long sur 15 mètres de large et deux goals de basket-ball seront placés, un à chaque extrémité du terrain, sur la largeur. La longueur du jeu est divisée en trois parties égales et des lignes sont tracées d'une extrémité à l'autre ; la largeur est aussi divisée en trois parties égales et les lignes tracées, de façon à obtenir neuf cours que l'on numérote en commençant devant un des buts et en continuant à l'extérieur, réservant le numéro neuf pour la cour du milieu.

Les équipes se composent ordinairement de neuf joueurs, mais quand ils sont nombreux, on peut, avec l'accord commun, augmenter ce nombre, le but étant de développer l'esprit social et récréatif et non former des champions.

Choix des équipes. Les joueurs sont alignés sur deux lignes. A et B, par ordre de taille, force ou habileté au jeu, et sont alors numérotés de 1 à 9, ces chiffres étant répétés jusqu'à ce que chaque couple ait un numéro. Ils se placent alors dans les cours dont ils portent le numéro et deviennent des adversaires, jouant avec leurs équipes respectives. A ou B :

A. — 1, 2, 3, 4, 5, 6, 7, 8, 9, 1, 2, etc...
B. — 1, 2, 3, 4, 5, 6, 7, 8, 9, 1, 2, etc...

Règles. — Les règles de basket-ball données ci-dessus seront employées sauf dans le cas d'emploi de règles spéciales comme données ci-dessous. Ces règles doivent être strictement appliquées et la personne enseignant le jeu fera une étude sérieuse des règles données ci-devant et ci-après pour que l'instruction soit uniforme et ainsi assure un plus grand intérêt pour les participants.

Règles spéciales

Durée du Jeu. — Deux temps de dix minutes avec dix minutes de repos entre les deux parties, sera le temps officiel pour les jeux de matches. L'arbitre peut arrêter les jeux quand bon lui semblera. Les jeux d'entrainement peuvent se jouer en trois temps de dix minutes avec cinq minutes d'intervalle entre chaque temps.

Lancement de la balle de l'enceinte du jeu pour goal. — Les avants des trois cours à chaque extrémité du terrain seront les seuls à pouvoir lancer dans le panier. Chaque goal remporté de cette façon sera compté comme deux points pour l'équipe à qui appartient le but.

Coup franc pour une faute. — Quand il y a un coup franc, un des avants qui se trouve dans les cours numéros deux ou six, fera le lancement. S'il réussit, le but ainsi marqué comptera comme un point.

Changement de place. — Les joueurs changent de cour après chaque goal (qu'il soit fait en jouant ou par un coup franc), par ordre suivant :

1 dans cour 2
2 dans cour 3
3 dans cour 4
9 dans cour 1

On ne doit pas faire rebondir la balle.

Rentrée. — Si un ballon sort des limites du jeu, la rentrée se fait par un joueur adverse à celui qui l'a touché en dernier lieu. Ce joueur devra lancer le ballon à une personne de son équipe sans que les joueurs de l'équipe adverse puissent le gêner, mais il ne peut lancer la balle directement au but, il faut auparavant qu'elle soit attrapée par un autre joueur.

Si un joueur sort des limites de sa cour, on donnera la balle à son adversaire, qui aura le droit de lancer la balle librement. Si les deux adversaires sortent des limites de leur cour, on lancera la balle entre eux, et ils devront sauter pour la frapper chacun dans la direction de leur but. Au cas où il y aura plus de deux joueurs dans une cour, un joueur seulement peut marquer un joueur de l'équipe opposée.

Ligne du coup franc. — La ligne d'où l'on donne le coup franc, doit être à quatre mètres cinquante du but.

Si lorsqu'il y a un coup franc il n'y a que deux joueurs dans les cours numéros 2 et 6, les gardiens devront se placer à quatre mètres cinquante du goal et ne pourront gêner l'avant quand il fait le lancement.

Si, lorsqu'il y a un coup franc, il y a plus de deux joueurs dans cours numéros 2 et 6, les gardiens et les avants se placeront sur les lignes de côtés qui séparent ces cours des autres et aucun des joueurs ne devra bouger avant que la balle passe ou manque le panier.

Au cas ou il n'y aurait que seize joueurs, éliminer cour sept, et les joueurs du centre feront le service pour les cours sept et neuf. Au cas où il n'y aurait que quatorze joueurs, éliminer cours sept et trois et les joueurs du centre joueront dans cours numéros sept, neuf et trois.

S'il est nécessaire d'appliquer les règles ci-dessus, veillez à ce que les joueurs du centre ne se fatiguent pas de trop. La santé avant tout.

15 mètres

1 A — B	2 A — B	A — B 3 Ligne du coup franc.
8 A — B	9 A O B	4 A — B
7 A — B	6 A — B	Ligne du coup franc. 5 A — B

22 mètres

LA BALLE AU CAPITAINE

14 joueurs.
Ballon de basket-ball ou volley-ball.

L'emplacement du jeu aura 10 mètres de large sur 15 de long, et sera divisé en deux parties égales. Sur chacun de ces côtés, à des distances correspondant au centre, seront placés trois petits cercles ou bases qui formeront un triangle. La distance entre les bases sera de 5 mètres et les cercles auront de 1 mètre à 1 m. 50 de diamètre. Plus les joueurs sont habiles, plus les cercles sont petits. La distance entre les bases sera de 5 mètres.

Equipes. — Les joueurs sont divisés en deux équipes, chacune comprend : trois servants de bases, trois gardiens, et un bloqueur. Un des servants de base est capitaine, et se place dans le cercle le plus éloigné du centre. Chaque équipe a un gardien placé près de chacune des bases de l'équipe adverse et le bloqueur qui se place généralement dans le milieu du jeu, peut se déplacer et courir sur tout le terrain. Il doit aussi aller chercher la balle chaque fois qu'elle est « hors jeu » et on la remet en jeu au centre.

But du jeu. — Le but du jeu est que le capitaine attrape une balle lancée par un de ses servants de bases. Une balle lancée par les gardiens ou le bloqueur d'une équipe et attrapée par le capitaine ne comptera pas. Naturellement, les gardiens doivent empêcher le capitaine d'attraper toutes balles lancées par ses servants de bases ; ou les servants de bases les balles lancées par leur bloqueur, et au contraire feront leur possible pour se la procurer et la renvoyer à un de leurs servants de bases ou leur bloqueur.

Pour commencer le jeu, l'arbitre met la balle en jeu en la lançant entre les deux bloqueurs qui se font vis-à-vis au milieu du terrain, et chacun d'eux essaient d'attraper la balle. Celui qui l'attrape lance le premier. Toucher la balle n'est pas assez, il faut l'attraper avec les deux mains. Au cas où une discussion s'élèverait, la balle devra être remise en jeu, de même que chaque fois qu'une équipe marque un point ou que la balle sort du jeu, et est ramassée par un bloqueur.

Règlements. — Les servants de bases peuvent mettre un pied hors de leur cercle, mais pas les deux pieds en même temps. Chaque gardien doit rester près de la base qu'il garde, mais ne doit pas rentrer dans le cercle, même avec un pied. Si l'une des deux équipes ne se conformait pas à ces règles, ou commettait une autre faute, la balle est donnée à un des servants de base de l'équipe opposée qui doit lancer la balle à son capitaine librement, sans que le gardien de cette base puisse intervenir, mais le gardien de la base dans lequel se trouve le capitaine a le droit d'empêcher ce dernier de l'attraper. Une balle qui sort des limites du jeu doit être remise en jeu au centre comme au commencement de la partie.

Fautes :

1. De transgresser les règlements donnés plus haut.
2. De prendre ou taper la balle des mains d'un adversaire.
3. De faire rebondir la balle plus de trois fois de suite.
4. De marcher avec la balle en main.
5. De donner un coup de pied dans le ballon.
6. De passer la balle de main en main au lieu de la lancer.
7. De la tenir plus longtemps que le temps nécessaire pour se retourner vivement, ou soit trois secondes.

L'amende pour une de ces fautes consiste en un coup franc pour l'équipe adverse, c'est-à-dire, la liberté à un des servants de bases de cette équipe de lancer la balle à son capitaine. (Voir « règlements »).

Points. — On marque un point chaque fois que le capitaine reçoit une balle lancée par un de ses servants de bases. On ne marque pas de points si le capitaine reçoit la balle d'un de ses gardiens ou de son bloqueur.

Le jeu se joue par limite de temps, de dix à trente minutes. Ce temps est divisé en deux moitiés, et entre chaque partie, il y aura cinq minutes d'intervalle pour permettre aux joueurs de se reposer. Pour la seconde partie les serveurs de bases et les gardiens changent de places. L'équipe gagnante est celle qui a le plus grand nombre de points au bout de la deuxième partie.

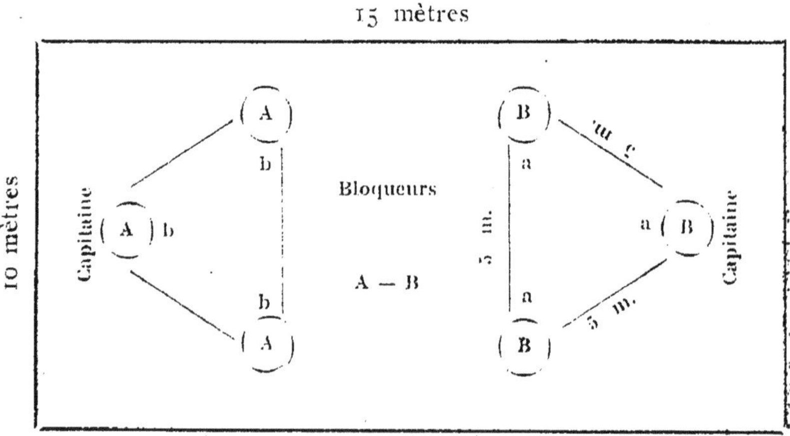

REGLEMENT POUR LE JEU DE « BAT-BALL »

Grandeur du terrain

Le terrain de jeux sera divisé en deux sections qui seront désignées ainsi : « Partie A » et « Partie B ».

La grandeur du terrain formant les parties A et B sera de la même dimension que le jeu de « basket-ball ». Une ligne sera tracée à 35 pieds de la ligne du but et parallèle à celle-ci : les lignes latérales du jeu de basket-ball seront allongées pour rejoindre la ligne ainsi tracée.

(On pourra modifier la grandeur de la « partie B » si les deux équipes sont d'accord).

Ligne de service

Ligne principale à 10 pieds de la ligne de service pour les enfants au-dessous de 10 ans.

Ligne principale à 15 pieds de la ligne de service par-dessus laquelle la balle doit être lancée.

« La ligne de la perche », séparant les parties A et B et marquant la position de la perche autour de laquelle les joueurs doivent courir.

« *Concours et matches* ». — Les concours ou matches consisteront en deux jeux gagnés sur trois.

Juges. — Pour les concours, il y aura deux juges comme suit :

1. Celui qui mettra le jeu en train et qui, en même temps, marquera les points gagnés et fera l'arbitre.
2. Celui qui fera l'arbitre rien que pour la « perche ».

Devoirs des juges. — Les deux juges veilleront aux lignes, aux fautes, aux sorties et aux coups : celui pour la perche pourra circuler autour quand il sera nécessaire pour regarder le jeu.

Le jeu. — Cinq « tours » constitueront un jeu ou partie. Trois « hors du jeu » amèneront un changement de place pour les deux équipes.

Nombre de joueurs formant une équipe

Sept joueurs et deux substituts formeront une équipe : on peut avoir plus ou moins de joueurs si les deux équipes sont d'accord.

Positions des joueurs

Les « batteurs ». — Les joueurs seront numérotés et batteront la balle à tour de rôle, le joueur suivant prenant la place de celui qui vient de sortir.

Les « chercheurs ». — Les joueurs qui « cherchent » la balle changeront de place en rotation (après chaque tour, un autre batteur viendra en avant). Pas plus de deux chercheurs ne pourront être placés en même temps derrière la perche dans la partie B. Les chercheurs, quand il sera nécessaire, pourront sortir des parties A et B pour aller à la recherche de la balle et ils pourront courir avec la balle en main jusqu'aux lignes délimitant le jeu.

Pour marquer les points

Deux points seront donnés pour une course.
Un point pour une faute.

Service

Pour lancer la balle le batteur doit se tenir avec un pied *sur* et un pied *derrière* la ligne de service, et il doit battre la balle avec la main ouverte, les doigts étendus.

Chaque joueur a droit à deux essais pour essayer de faire un « bon coup », mais si au premier essai le batteur envoie la balle par-dessus la ligne principale et qu'elle tombe en dehors de la partie A, cela comptera comme une « sortie » pour le batteur. Si le batteur manque son deuxième coup, il est « hors du jeu ».

Une balle retombant sur la *ligne* est « bonne ».

On accorde au batteur 5 secondes pour dépasser la ligne principale après avoir servi la balle. S'il n'y arrive pas, ceci compte comme « sortie ».

La course

Chaque fois que le batteur, après avoir servi une bonne balle, dépasse la ligne principale, tourne autour de la perche et retourne de nouveau à la ligne principale en se tenant dans les limites du jeu, et sans avoir été touché par la balle, une course est gagnée par son équipe et compte pour 2 points.

Le batteur ne doit pas rester stationnaire, il doit bouger tout le temps et il doit contourner complètement la perche avant de retourner à la ligne principale. Si un « chercheur » pour mettre un batteur « hors du jeu » court vers lui et le touche, le batteur s'arrête de courir, il n'est pas hors du jeu, mais une faute est comptée pour l'équipe du chercheur et une course est comptée pour l'équipe du batteur, donc 3 points pour l'équipe du batteur.

Fautes

Les fautes commises par les deux équipes pendant le jeu compteront comme des points pour l'équipe adversaire. Ils seront marqués par l'arbitre comme « courses par fautes ».

On donne des fautes pour :

1. Si le batteur reste stationnaire.

2. Si les chercheurs courent avec la balle en main, s'ils la font rebondir sur le sol, s'ils la retiennent en mains plus de 5 secondes, si deux joueurs se la passent de l'un à l'autre plus de deux fois de

suite, si le « chercheur » atteint le « batteur » pendant qu'il court avec la balle en mains.

3. Une faute est comptée pour le côté opposé pour chaque « chercheur » en plus des 2 qui ont le droit d'y être, qui se trouveront dans la partie B en même temps.

4. Pour un chercheur qui atteint le batteur avant qu'il n'ait dépassé la ligne principale après avoir servi la balle. En ce cas, le batteur a le droit de continuer sa course.

Sorties et hors du jeu

1. Quand un chercheur attrape la balle au vol.

2. Quand un chercheur attrape une « bonne balle » avant qu'elle n'ait touché le sol, ni d'autres objets, sauf les chercheurs.

3. Quand le batteur manque d'avoir encerclé complètement la perche en faisant sa course.

4. Quand une balle atteint le batteur quand elle a été bien lancée par un « chercheur » stationnaire.

5. Quand le batteur court en dehors des lignes de limites des parties A B.

6. Quand le batteur reste derrière la perche pendant plus de 20 secondes.

Note. — Ceci n'empêche pas le batteur de retourner sur n'importe quelle section de la partie A et d'essayer de nouveau d'encercler la perche et de compléter ainsi sa course.

7. Quand le batteur manque de servir avec la main ouverte, les doigts étendus.

8. Quand le batteur manque de lancer la balle dans la partie A.

9. De servir la balle et qu'elle retombe en dehors de la partie A.

10. Quand le batteur manque de dépasser la ligne principale dans les 5 secondes suivant le lancement de la balle.

11. Quand le batteur manque de servir une bonne balle après deux essais.

12. Si le batteur s'arrête de courir plus de deux fois pendant la même course.

BETE, OISEAU OU POISSON

10 à 30 au plus de joueurs.

Parloir ; gymnase ; terrain de jeux ; classe.

Les joueurs sont debouts au assis, de préférence en cercle. Un joueur se tient au centre debout ou assis, et tient une balle douce à la main. Cette balle peut être faite en froissant du papier ou en nouant un mouchoir. Cette balle est lancée à un des joueurs par celui qui est au centre, qui dit vivement « Bête, oiseau ou poisson ! » Alors il répète une de ces trois catégories et immédiatement compte jusqu'à dix. Là-dessus le joueur qui a été touché par la balle doit donner un des trois noms d'après la catégorie nommée par le jeteur. Par exemple, le jeteur dira en lançant la balle : « Bête, oiseau ou poisson ! » « Oiseau ! » Là-dessus le joueur touché par la balle doit dire un nom d'oiseau pendant que le jeteur compte dix. Ceci ne devra pas être une répétition d'un nom d'oiseau nommé antérieurement pendant le jeu. Si le joueur touché par la balle manque de répondre comme il faut, il change de place avec le jeteur. S'il réussit, le jeteur recommence le jeu en touchant un autre joueur.

Dans la classe. — Ce jeu peut être joué avec tous les joueurs sauf un, assis à leurs places habituelles.

Une façon anglaise ancienne de jouer ce jeu est de substituer les mots « Feu, air et eau » à « Bête, oiseau ou poisson ». Les joueurs doivent nommer des animaux qui vivent dans l'air ou dans l'eau quand ces éléments sont nommés, mais doivent garder le silence quand le feu est nommé. Ceci est une forme de jeu qu'on suppose être descendue « des adorateurs du Feu ».

LE CAILLOU

10 à 60 joueurs.

On marque deux buts, un de chaque côté de la chambre : on trace un grand cercle à mi-chemin entre les deux. Un des joueurs représente le caillou et s'asseoit par terre au milieu du cercle. Les joueurs dansent autour du cercle jusqu'à ce que le « caillou » saute debout. Les joueurs alors courent vers les deux buts et le caillou essaie de toucher autant de joueurs qu'il peut avant qu'ils arrivent aux buts. Tous ceux qui ont été touchés deviennent des cailloux et retournent s'asseoir avec le premier caillou au milieu du cercle. Les joueurs alors recommencent à danser autour du cercle jusqu'à ce que le premier caillou donne le signal. Alors, tous les cailloux sautent debout. Les autres joueurs courent vers les buts, et les cailloux les poursuivent et en touchent tant qu'ils peuvent. Le jeu continue en agrandissant le nombre de cailloux chaque fois que le cercle est formé, jusqu'à ce qu'il ne reste plus personne pour faire le cercle. Si on veut rendre le jeu plus difficile, les joueurs dans le cercle, au lieu de s'asseoir par terre, peuvent se coucher de tout leur long.

LE CHAT ET LA SOURIS

De 10 à 30 joueurs.

Un joueur est le chat, l'autre la souris. Les autres forment un cercle en se donnant la main. Le chat est hors du cercle. La souris dedans. Le chat essaie de rentrer dans le cercle et la souris essaie de lui échapper. Tous les deux peuvent courir dans le cercle ou en dehors. Mais les joueurs tentent d'aider la souris en levant les mains pour la laisser passer en dessous et ils essaient de gêner les efforts du chat en tâchant de l'empêcher soit d'entrer dans le cercle soit d'en sortir.

Quand la souris est attrapée, elle se joint au cercle et le chat devient la souris. Un autre chat est choisi parmi ceux qui forment le cercle.

Quelquefois cependant il est préférable de choisir un nouveau chat en même temps qu'une nouvelle souris, chaque fois que la souris est attrapée.

Qand il y a un grand nombre de joueurs, on peut choisir trois chats pour chasser trois souris, chaque chat devant attraper une souris déterminée.

En ce cas on devra mettre un mouchoir au bras des chats pour ne pas les confondre avec les souris.

LA CHASSE

10 à 30 joueurs. Salle de gymnastique ou plein air.

De chaque côté de l'emplacement du jeu il y a deux buts marqués par des lignes parallèles qui traversent complètement le sol.

L'espace entre les lignes devra mesurer de 9 à 15 mètres de long.

On choisit un joueur pour être le « chasseur ». Il se tient au centre du jeu. Les autres joueurs sont divisés en groupes, chaque groupe prenant un nom d'animal ; de ce fait, il y aura plusieurs lions, plusieurs tigres, etc... Ces groupes sont alors divisés en deux parties, chaque partie se tenant dans les deux buts : le nombre de joueurs dans chaque groupe doit être égal quand le jeu commence.

Le chasseur qui est au centre du jeu appelle un nom d'animal qu'il choisit, là-dessus tous les joueurs qui portent ce nom doivent changer de buts. Le chasseur essaie de les attraper pendant qu'ils sont sur son territoire. Le premier joueur touché doit aider le chasseur à attraper les autres. Le second joueur attrapé change de place avec le premier et ce dernier est alors mis en « cage » d'un côté du terrain de jeu et se trouve alors être mis hors du jeu.

Le jeu est terminé quand le chasseur a attrapé tous les animaux.

LA CHASSE AU CAILLOU

5 à 30, ou nombre illimité de joueurs.

Gymnase ; terrain de jeux ou plein air.

Un joueur, le chef, tient un petit caillou entre les paumes de ses mains, tandis que les autres se groupent autour de lui, chacun avec ses mains étendues paume à paume. Le chef met ses mains entre les paumes de chaque joueur, ostensiblement pour y poser le caillou qu'il tient comme dans le jeu intitulé « Bouton-Bouton ». Le joueur qui reçoit le caillou est chassé par les autres et peut seulement être sauvé en retournant chez le chef et en lui remettant le caillou. La chasse peut commencer aussitôt que l'on croit qu'un joueur tient le caillou. Chaque joueur devra donc regarder très attentivement les mains et figures des autres, pour essayer de découvrir celui qui reçoit le caillou et aussitôt qu'on le croit, commencer à le chasser. C'est donc l'intérêt du joueur qui reçoit le caillou de le cacher jusqu'à ce que le groupe porte son attention ailleurs, alors il peut se glisser en dehors sans être aperçu et bien avancer vers son chef avant que les autres ne le découvrent. Il peut faire ceci quand bon lui semble, mais ne peut attendre après que le chef a dépassé la dernière paire de mains. Le chef aidera à cacher celui qui tient le caillou en passant ses mains entre celles du groupe entier, même s'il a déposé le caillou entre les mains d'un des premiers joueurs. Si le joueur qui tient le caillou réussit à le remettre au chef sans être touché, il continue à jouer avec le groupe. S'il est touché avant de rejoindre le chef, alors il doit donner un gage ou changer de place avec le chef, cela dépendra de ce qu'on a décidé avant de commencer le jeu.

Dans un préau où il y a baucoup de joueurs, on devra exiger que le groupe suive exactement les traces de celui qui tient le caillou, sans couper. Dans de telles conditions, il vaudra mieux limiter le jeu à 10 joueurs par groupe.

CHERCHEURS D'OR

5 à 15 joueurs.

En plein air ; au bord de la mer.

On ramasse une poignée de petits cailloux et les joueurs s'asseoient par terre en rond. Un des joueurs éparpille les cailloux par terre au milieu du cercle. Alors ce joueur tire une ligne avec son doigt entre deux de n'importe lesquels de ces cailloux, et essaie de lancer un de ces deux cailloux contre l'autre pour le toucher, de la même façon qu'on joue aux billes. S'il réussit à toucher le caillou le même joueur a un deuxième tour, gardant chaque fois les deux cailloux touchés. Si ce joueur manque son coup, un autre joueur ramasse tous les cailloux, les éparpille de nouveau, tire une ligne entre deux d'entre eux et essaie de lancer l'un contre l'autre. Le gagnant est celui qui, à la fin du jeu, aura ramassé le plus grand nombre de cailloux. Il paraît qu'il vaut mieux n'avoir qu'un petit nombre de joueurs pour ce jeu, plutôt qu'un grand groupe. On peut employer des noix à la place des cailloux.

Ce jeu est joué par les enfants chinois.

LE COCHON DANS UN TROU

En plein air ; au bord de la mer. Gymnase, basket-ball.

Chaque joueur a un bâton d'un mètre de long. On fait un trou de 30 à 40 centimètres de diamètre dans le sol. Tous les joueurs, sauf un, sont en cercle autour du trou, à une distance d'environ 1 m. 50 pour leur permettre de se déplacer et de se mouvoir librement.

Chaque joueur creuse un petit trou en face de sa place, sur le cercle ; le trou ayant 10 cent. de diamètre. On joue avec un basket-ball, quoiqu'une plus petite balle puisse être employée ; dans ce cas, le trou au centre n'a pas besoin d'être aussi grand ; il doit cependant être un peu plus grand que la balle avec laquelle on joue.

Le joueur du milieu doit essayer :

1° D'attraper la balle (le cochon) et de la faire entrer dans le trou du centre en la touchant seulement avec son bâton, tous les autres joueurs essaient de l'en empêcher.

2° Ce joueur essaie aussi de changer de place avec quelqu'un en plaçant son bâton dans un des petits trous, ce qui ne peut se faire que lorsque le joueur sur le cercle n'a pas son bâton dans ce trou.

Au début du jeu, tous les joueurs mettent leurs bâtons dans le trou central, sous la balle. Ils comptent : « un, deux, trois ». A « trois », ils soulèvent la balle avec leur bâton, puis courent aux petits trous, chaque joueur mettant le bout de son bâton dans un petit trou. Il y a un trou de moins que le nombre de joueurs. Il se trouve donc un joueur qui n'en a pas. Il essaie d'envoyer le ballon dans le trou central, de la place où ce ballon s'est arrêté. Les joueurs sur le cercle essaient de l'en empêcher, avec leurs bâtons seulement. Ils ne peuvent en aucune façon donner des coups de pied au ballon ou le toucher autrement qu'avec le bâton. Le joueur du centre essayera d'égarer les bâtons en se frayant un espace devant la balle, avec son bâton à lui. Les autres joueurs peuvent quitter leur place quand ils veulent pour empêcher le joueur du centre de placer le « cochon » dans le trou et c'est alors que le joueur du centre doit faire attention et tâcher de trouver un creux vacant. Les joueurs du cercle devraient quitter leurs trous seulement quand il y a danger imminent que le ballon entre dans le trou du centre, et de par leur côté ; ou alors quand il y a possibilité de chasser la balle hors du cercle, ce qui doit aussi être un de leurs buts.

Il n'est pas nécessaire qu'un joueur qui a quitté son trou retourne au même. N'importe quel trou peut être occupé par n'importe quel joueur et beaucoup de l'intérêt du jeu consiste en la liberté que les joueurs ont de se déplacer et d'avoir la chance de trouver un trou libre.

Si le joueur du centre (le chasseur) réussit à faire entrer le « cochon » dans le trou, il a gagné la partie et on recommence tout le jeu de nouveau.

Si le chasseur réussit à placer son bâton dans le trou d'un des joueurs du cercle, le joueur dont il a pris la place devient le chasseur.

Pour jouer dans un gymnase

Le jeu peut être joué dans un gymnase, mais on trace des cercles par terre pour remplacer les trous qu'on creuse dans le sol en plein air.

Les mêmes règles sont appliquées à ce jeu qui peut être joué soit avec un basket-ball, soit avec un sac de haricots.

LA COLLINE GARDÉE

De 10 à 30 joueurs ou davantage.

On trace sur le sol 2 lignes parallèles de limite, laissant entre elles une distance de 10 à 17 mètres.

Un joueur « celui qui y est » se tient au milieu des deux lignes. Les autres joueurs divisés en deux camps égaux se tiennent derrière chacune des lignes. Le joueur qui est au milieu crie : « La colline est gardée, essaie de la franchir. » Les autres joueurs doivent alors changer de côté et le joueur du milieu essaie de les toucher pendant qu'ils traversent l'espace compris entre les deux lignes. Ceux qui sont touchés aident à prendre les autres.

COQUILLE D'HUITRE

10 à 100 joueurs. (Préau ou gymnase).

On trace deux lignes parallèles au centre du terrain de jeu. A une grande distance derrière chaque ligne et parallèle à celles-ci, une seconde ligne est tracée, l'espace derrière cette seconde ligne étant un refuge pour les joueurs appartenant à ce côté. Cette seconde ligne devra être de préférence à une distance considérable de la ligne de départ pour donner beaucoup de place pour la chasse pendant le jeu.

Les joueurs sont divisés en deux équipes égales qui prennent place une de chaque côté du territoire neutre. Chaque camp choisira une couleur, claire ou foncée, correspondant au côté de la coquille d'huître, ou autre petit objet employé pendant le jeu. Un joueur en plus, un neutre, fera le capitaine ou conducteur du jeu, et prendra sa place au centre du territoire neutre et il jettera la coquille d'huître en l'air. S'il n'y a pas un joueur de trop pour faire le rôle de conducteur, les équipes peuvent choisir des capitaines pour lancer la coquille à tour de rôle. On laisse tomber la coquille à terre. Si le côté clair est au-dessus, l'équipe qui représente le côté clair de la coquille doit courir au but du côté opposé du terrain ; l'autre équipe les poursuit. Si quelqu'un est touché, son ravisseur doit le porter sur son dos jusqu'à son propre but.

L'équipe gagne un point pour chaque prisonnier qu'elle attrape. On peut facilement compter les prisonniers puisqu'on les porte sur le dos.

L'équipe qui gagne cinquante ou cent points (d'après le nombre des joueurs) gagne la partie, ou les gagnants peuvent être déterminés par le plus grand nombre de points à la fin du jeu.

LE CANARD SUR LE ROCHER

Chaque joueur est muni d'une pierre de la grosseur d'un base-ball, appelée canard. Un gros morceau de pierre ou un poteau sert à désigner le rocher et l'on trace une ligne à 7 m. 60 de ce poteau. Un joueur place son canard sur le rocher et reste à côté pour le garder. Les autres joueurs restent derrière la ligne et chacun à leur tour lancent leur canard sur celui du gardien en essayant de le faire tomber du rocher. Après chaque lancer, le joueur doit ramasser son propre canard et revenir vers la ligne des joueurs. S'il est touché par le gardien en faisant ceci, il devient alors gardien. Le gardien peut le toucher à n'importe quel moment quand il se trouve dans les limites de la ligne de lancer, sauf s'il est arrêté en ayant le pied sur son canard à l'endroit où il est primitivement tombé. Il peut rester dans cette position à volonté, en attendant l'occasion de retourner dans son camp, mais dès qu'il ramasse son canard ou ne le touche plus avec ses pieds, il peut être touché par le gardien. Quand un joueur a ramassé son canard et est rentré avec lui dans son camp, il peut ne plus le placer sur le terrain.

Le gardien peut ne pas toucher un joueur à moins que son propre canard soit sur le rocher. Avant de chasser un joueur, il doit donc placer son canard sur le rocher, s'il a été renversé. Le gardien doit ramasser promptement son canard et courir vers la ligne des joueurs après avoir touché un joueur et à son tour il peut être touché aussitôt que le nouveau gardien a placé son canard sur le rocher.

LE COUP DE PIED A LA BALLE

Nombre de joueurs pour une équipe : 5 à 12, ou plus.

Matériel employé : Foot-ball de soccer ou basket-ball, mais jamais un volley-ball.

Terrain ou emplacement : Carreau de basket-ball, les bases ayant de 5 à 10 m. (voir calque bleu) de distance entre chacun.

L'emplacement du lanceur : De 2 m. à 3 m. 50 (voir calque bleu) de distance de l'emplacement de départ.

Règles : Cinq tours constitueront une partie. Si à la fin de la partie les deux côtés ont le même nombre de points, on continuera à jouer jusqu'à ce qu'un côté gagne un point en plus. Le lanceur roule la balle au batteur qui, d'un coup de pied, la relance dans le jeu.

Les règlements habituels du jeu de base-ball seront appliqués à ce jeu, mais avec les exceptions suivantes :

1. Le coureur de base sera mis hors du jeu s'il est touché ou s'il est mis hors du jeu avant d'atteindre la première base, la seconde base, la troisième base ou la base de départ.

2. Un nombre illimité de joueurs peuvent se trouver sur n'importe quelle base en même temps.

COURSE DE MASSUES POUR L'EPREUVE ATHLETIQUE DE FILLES

Dessiner deux cercles tangents chacun ayant 0 m. 91 cm. (voir calque bleu) de diamètre. Dans un des cercles placer trois massues pesant 500 gr. chaque, modèle B. S. A un point ayant 9 m. de distance d'une ligne passée au centre des cercles et parallèle à celle-ci, tracez une ligne pour être employée comme ligne de départ.

Au signal la jeune fille court en partant de la ligne de départ ; elle transfère les trois massues, l'une après l'autre au cercle vacant de façon qu'elles restent debout, et ensuite elle retourne en courant à la ligne de départ. La jeune fille fait ainsi trois voyages et termine à la ligne de départ. Il n'est permis à la jeune fille que d'employer une main pour transférer les massues. La surface à l'intérieur des cercles devra être nivelée et lisse. On peut employer une large planche quand l'épreuve est faite en plein air.

Pour pouvoir concourir pour cette épreuve et pour avoir un insigne de *première* classe une jeune fille devra faite les trois voyages aux cercles en *trente* secondes. Pour pouvoir concourir pour cette épreuve et pour avoir un insigne de *deuxième* classe, une jeune fille devra faire les trois voyages aux cercles en *vingt-huit* secondes.

COURSE ET SAUT EN LONGUEUR

La longueur de la course est illimitée. Pour un coureur on permet trois sauts. Les cinq meilleurs concurrents peuvent sauter trois fois. Le gagnant peut encore sauter trois fois pour un record. Le « point de départ » sera marqué par une poutre de 20 cm. (voir calque bleu) enfoncée dans la terre au niveau du sol. La « ligne de départ » à 0 m. 10 cm. (voir calque bleu) du sol sera saupoudrée de sable et légèrement soulevée pour qu'on puisse contrôler si les pieds dépassent la ligne.

Les mesures seront prises perpendiculairement du bord du « point de départ » jusqu'au point le plus proche où le corps a touché le sol.

Si on dépasse le « point de départ » cela constituera un essai.

COURSE ET SAUT EN HAUTEUR

Le saut commencera à une certaine hauteur et sera augmenté d'après le jugement du juge en chef.

Les concours peuvent commencer à n'importe quelle hauteur ou peuvent être refusés à n'importe quelle hauteur.

On a trois essais à chaque hauteur ; au troisième essai manqué on est disqualifié. Ceux qui manquent au premier coup doivent attendre leur second tour après que tous les autres ont sauté une première fois, et un troisième essai quand les autres ont fini leur second.

Il y a aussi une ligne de 0 m. 91 cm. (voir calque bleu), tracée devant la barre ou corde qu'on appellera la « ligne d'arrêt et si l'on dépasse cette ligne cela constituera un « arrêt » ; deux arrêts successifs constituent un essai.

La longueur de la course est illimitée. Prendre les mesures perpendiculairement du sol au côté supérieur de la barre ou corde. Au vrai gagnant sera accordé des tours en surplus pour le record ; trois essais à chaque hauteur.

En cas de doute, consulter le juge en chef et le livre des règlements.

LE DERNIER COUPLE

Pour jouer ce jeu il faut être un nombre impair de joueurs.

Un joueur est choisi pour attraper. Il reste à une extrémité du terrain de jeu en tournant le dos aux autres joueurs. Les autres joueurs se placent par couples en une longue ligne derrière lui et dans le même sens que lui.

Le chasseur ne devra pas être placé à moins de 3 m. du premier couple.

Le chasseur crie « le dernier couple » quand les deux derniers joueurs en ligne courent en avant, celui à main droite du côté droit de la ligne, celui à main gauche du côté gauche de la ligne, puis ils essaient de se rejoindre en joignant les mains en face du chasseur. Le chasseur peut ne pas les chasser avant qu'ils soient en ligne avec lui et il peut ne pas tourner la tête pour voir dans quelle direction les coureurs arrivent.

Ils doivent essayer de regagner leur place en variant les moyens d'approcher, quelquefois en tournant tous les deux loin de lui, quelquefois l'un d'eux courant près des lignes.

Si le chasseur parvient à attraper un des joueurs avant que ce joueur ait pu rejoindre et donner la main à son partenaire, ce joueur et le chasseur forment un nouveau couple et prennent place à la tête de la ligne.

L'autre joueur devient alors le chasseur.

ESQUIVEZ LE BALLON

10 à 60 joueurs. Préau ; gymnase ou plein air.

Les joueurs sont divisés en deux groupes. Un des groupes forme un cercle, l'autre se dissémine dans le cercle. Le but du jeu est, pour les joueurs du cercle, de toucher avec la balle ceux qui sont à l'intérieur du cercle, tandis que les joueurs de l'intérieur du cercle cherchent à esquiver la balle. Ils peuvent pour cela sauter, se baisser, etc., sauf quitter le cercle. Un joueur touché sur n'importe quelle partie de sa personne se joint au cercle. Le dernier joueur qui reste au centre a gagné. Les groupes comme ils étaient tout d'abord composés changent de place pour la partie suivante. Les joueurs dans le cercle ne doivent pas jeter la balle à ceux de la périphérie, ils l'évitent tout simplement. La balle est renvoyée aux joueurs, soit en étant lancée par un joueur du centre, ou en étant ramassée par un joueur de l'extérieur, qui peut entrer dans le cercle pour la chercher.

Quand deux joueurs du cercle sont touchés à la fois, seul le premier quitte le jeu.

Si l'on joue le jeu par équipe on peut convenir d'une certaine durée et le groupe gagnant est celui qui reste le plus longtemps dans le cercle.

On peut jouer ce jeu dans un champ rectangulaire ou dans une salle de gymnastique en partageant le sol en trois sections régulières : Le groupe A. divisé en deux aura les sections extrêmes.

Le groupe B. celle du centre.

Un joueur du groupe A. lancera la balle essayant de toucher les joueurs du groupe B. On suit les mêmes règles.

LE FER A CHEVAL

Deux poteaux en fer sont placés sur le terrain à une distance de 12 mètres chacun. Ils devront dépasser de 15 cm. le niveau du sol et avoir un diamètre de 2 cm. environ.

Le jeu se joue avec quatre fers à cheval, deux paires différentes, de façon à ce qu'elles puissent être distinguées l'une de l'autre.

Le joueur qui commence se tient près d'un poteau, le touchant avec les talons ; il jette le premier fer à cheval à l'autre poteau, tâchant de l'encercler. L'autre joueur jette alors son fer à cheval en essayant soit de frapper celui de son adversaire pour l'éloigner du poteau ou de placer le sien plus près du poteau que celui de son adversaire.

Le deuxième fer à cheval de chaque adversaire est alors jeté.

Points. — Un fer à cheval qui encercle le poteau compte pour 5 points. Mais si un joueur a encerclé le poteau avec son fer à cheval et que son adversaire place le sien par-dessus, encerclant également le poteau, 10 points sont marqués à celui qui a placé le deuxième fer à cheval.

Un fer à cheval qui reste près d'un poteau et le touche après que tous les fers à cheval ont été lancés, marque trois points.

Le fer à cheval le plus proche du poteau compte un point.

Si deux fers à cheval appartenant à un joueur sont plus près du poteau que ceux de ses adversaires, il marque deux points.

Le jeu se joue avec deux ou quatre joueurs. Quand il y a quatre joueurs, un joueur de chaque équipe se tient à chaque poteau, jetant ainsi dans une direction seulement. Les points marqués par les deux joueurs d'une équipe s'additionnent en faveur de l'équipe.

Le jeu est gagné par la première équipe qui fait 50 points. Quand il n'y a que deux joueurs, le jeu se joue généralement en 25 points.

FIELD-BALL

Règle du jeu

I. Une équipe de field-ball se compose de onze joueurs.

II. Les dimensions du terrain de jeu seront :

Longueur maxima, 100 mètres ; largeur maxima, 60 mètres

Longueur minima, 80 mètres ; largeur minima, 45 mètres.

III. Le terrain de jeu doit être limité par des lignes. Les lignes placées à chaque bout sont les lignes de but et celles de côtés sont les lignes de touche. Les lignes de touche doivent être à angle droit des lignes de but. Parallèles aux lignes de touche et à une distance de 5 mètres dans la direction du centre du terrain de jeu, seront tracées des lignes allant d'un but à l'autre. Une ligne pour marquer le centre et des lignes parallèles aux lignes de but et à une distance de 15 mètres de chaque ligne de but devront aussi être tracées.

IV. Le but réglementaire du foot-ball rugby est le but employé dans le jeu du field-ball.

V. Le ballon utilisé dans le jeu de field-ball est le ballon ovale réglementaire employé dans le foot-ball américain. Si l'on ne peut pas trouver ce modèle, le modèle employé dans le rugby anglais peut être utilisé.

VI. Le jeu consistera en deux demis de vingt minutes chacune, et pour les jeunes garçons et les femmes, le temps de jeu sera de deux demis de 15 minutes.

VII. Au commencement du jeu un coin est tiré au sort et l'équipe gagnante peut choisir soit le but ou coup d'envoi.

VIII. Le jeu est commencé par un coup placé du centre du terrain de jeu dans la direction du but de l'adversaire. L'équipe adversaire ne peut pas s'approcher à moins de 10 m. du ballon avant que le coup de pied soit donné. Aucun joueur de l'équipe donnant le coup placé ne peut s'avancer au delà du centre jusqu'à ce que le coup de pied soit donné.

IX. Les buts sont changés à mi-temps. Après le changement de but à mi-temps, le coup d'envoi sera donné par l'équipe opposée.

Lorsqu'un but a été obtenu par une équipe, l'équipe adversaire donne le coup d'envoi.

X. Un but est obtenu dans deux cas :

1. Quand le ballon, coup de pied tombé, coup placé ou coup après un dribble a passé entre les poteaux de but et sous la barre on compte deux points.

2. Quand le ballon frappé comme mentionné ci-dessus passe entre les poteaux de but et au-dessus de la barre, on marque un point.

XI. Quand le ballon est avancé vers la ligne de but et conséquemment touché derrière cette ligne par un joueur de l'équipe attaquante, ce côté obtient un essai franc de but partant de la ligne de 15 mètres opposée à l'endroit où le ballon a été touché.

Quand le ballon, après avoir été avancé vers la ligne de but par l'équipe attaquante, est touché par un joueur de l'équipe défendante, l'équipe défendante obtient un coup franc de la ligne de 15 m., mais quand le ballon, après avoir été joué vers la ligne de but par un joueur du côté défendant, est touché par un joueur du même côté, un coup de pied de coin est accordé au côté attaquant.

XII. Quand le ballon traverse la ligne de touche, il est remis en jeu par un joueur du côté opposé à celui qui l'a lancé en dehors. Le lancer doit être à angle droit de la ligne de touche.

Aucun joueur de n'importe quel côté ne peut avancer à plus de 5 mètres de la ligne de touche.

XIII. Le ballon peut être avancé par dribbling, coup de pied, ou être envoyé dans n'importe quelle direction, un joueur peut le faire rebondir avec la main.

Il est défendu :

1. D'avancer en tenant le ballon en main. Trois pas constituent une infraction à cette règle.

2. De jouer le ballon avec les mains quand il est sur le terrain, excepté quand il est dans l'air à la hauteur des genoux des joueurs. Le gardien de but seul est exempté de cette règle.

3. De frapper le ballon avec le poing.

XIV. Quand un joueur possède le ballon, son adversaire peut le lui prendre en l'interceptant au moyen d'une passe ou d'un coup de pied ou en le faisant tomber à terre en le frappant avec la main ouverte seulement. Dans aucun cas il ne peut empoigner le joueur tenant le ballon. Dans le cas où le ballon est placé entre les joueurs de telle façon qu'il est nécessaire d'employer la brutalité pour pouvoir continuer le jeu, l'arbitre arrêtera le jeu et placera le ballon entre les joueurs en le faisant rebondir.

XV. N'importe quelle infraction à ces règles est punie d'un coup franc donné à l'équipe lésée à l'endroit où l'offense s'est produite.

Les joueurs de l'équipe opposée doivent rester à une distance de 10 mètres du ballon jusqu'à ce que le coup de pied soit donné.

LES FLEURS ET LE VENT

4, 30 ou plusieurs joueurs.

A l'intérieur, plein air.

Ce jeu est très bon pour les petits enfants. Les joueurs sont divisés en deux camps égaux, chaque camp ayant son « chez soi » marqué sur chaque côté opposé de l'emplacement du jeu et ayant un espace neutre entre les deux. Un camp représente une fleur ; ils décident entre eux laquelle, soit des marguerites, du lilas, des lys et ensuite ils marchent tous vers la ligne qui marque le « chez soi » du camp opposé. Les joueurs du camp opposé (qui représente le vent) se tiennent alignés sur leur ligne, prêts à courir, essayant de deviner quelle est la fleur choisie par les adversaires. Aussitôt que la fleur choisie est nommée, le camp entier qui représente la fleur se retourne et court vers leur « chez soi », le vent les chassant. Un joueur touché par le vent avant d'atteindre son « chez soi » devient prisonnier et le rejoint. Les fleurs qui restent continuent à jouer mais prennent un nom différent chaque fois que le jeu recommence. Ceci continue jusqu'à ce que toutes les fleurs soient attrapées.

FOOT-BALL ASSOCIATION

Règles du jeu

Règle 1. — Nombre de joueurs. — Le nombre de joueurs doit être onze pour chaque équipe.

Ils ne peuvent être remplacés une fois le jeu commencé.

Règle 2. — Les dimensions du terrain de jeu seront :

Longueur maxima, 120 mètres ; minima, 100 mètres.

Largeur maxima, 80 mètres ; minima, 55 mètres.

Dans les matches internationaux, le terrain de jeu doit avoir les dimensions suivantes :

Longueur, 110 mètres.

Largeur, 65 mètres.

Règle 3. — Le terrain de jeu doit être limité par des lignes marquées avec de la chaux ou une autre substance blanche. Les lignes à chaque bout sont les *lignes du but* et les lignes de côté sont les *lignes de touche*. Les lignes de touche doivent être à angle droit des lignes de but.

Un drapeau dont la hampe n'a pas moins de 1 m. 50 de haut sera planté à chaque coin. Une ligne qui divisera le terrain en deux parties égales doit être tracée parallèlement aux lignes de but. Le centre de cette ligne est le centre du terrain de jeu et doit être marqué d'une manière apparente : de ce centre doit être tracé un cercle ayant neuf mètres de rayon.

Règle 4. — Chaque but se compose de deux poteaux fixés verticalement sur la ligne de but, à égale distance des drapeaux de coin, et espacés l'un de l'autre de 7 m. 30. Une traverse à 2 m. 40 du sol doit relier ces deux poteaux à leurs extrémités supérieures. Les poteaux et la traverse ne doivent pas avoir plus de 13 centimètres de largeur.

Règle 5. — On doit tracer, parallèlement aux lignes de touche et à 5 m. 50 de chaque poteau de but, une ligne de 5 m. 50 de longueur et ces lignes doivent être reliées à leurs extrémités par une ligne parallèle à la ligne de but. L'espace compris dans ces lignes sera la surface de but (Goal Area).

On doit tracer parallèlement aux lignes de touche et à 16 m. 40 de chaque poteau de but une ligne de 16 m. 40 de longueur et ces lignes doivent être reliées à leurs extrémités par une ligne parallèle à la ligne de but. L'espace compris entre ces lignes sera la surface de réparation (Penalty area).

Une marque bien indiquée doit être faite en face du centre de chaque but, à 11 mètres de la ligne de but ; ceci sera la marque pour le coup de pied de réparation (Penalty kick mark).

Règle 6. — Le ballon sera sphérique et n'aura pas plus de 70 cm. de circonférence, ni moins de 68 cm. Son enveloppe extérieure doit être en cuir et il ne doit entrer dans sa fabrication aucune matière qui puisse être dangereuse aux joueurs.

Au commencement de la partie, le ballon doit peser de 370 à 425 grammes.

Règle 7. — A moins d'une modification mutuellement acceptée, la durée d'une partie sera de 90 minutes.

Note. — Sur un terrain de jeu, durée maxima 60 minutes.

Règle 8. — On tire au sort avant de commencer et le gagnant peut choisir soit le coup d'envoi (kick off) soit le choix des buts.

Règle 9. — Coup d'envoi. — On commence le jeu par un coup placé (place-kick) partant du centre du jeu dans la direction de la ligne de but adversaire : l'équipe adversaire ne doit pas s'approcher à moins de 10 mètres du ballon avant que le coup de pied soit donné

Aucun des joueurs de l'une ou de l'autre équipe ne doit dépasser le centre du terrain en se dirigeant vers la ligne de but adversaire, avant que le coup de pied soit donné. Si cette règle n'est pas appliquée, le coup d'envoi doit être recommencé.

Règle 10. — Mi-temps. — *Le changement de buts* aura lieu seulement à la mi-temps. L'intervalle à la mi-temps ne dépassera pas cinq minutes, sauf consentement de l'arbitre.

Quand un but est obtenu par une équipe, l'équipe adversaire donnera le coup d'envoi.

Après le changement de buts à la mi-temps, le coup d'envoi sera donné par l'équipe opposée à celle qui l'aura donné au commencement de la partie.

Règle 11. — Exception faite des cas spécifiés plus loin, un but est obtenu lorsque le ballon a passé entre les poteaux de but et sous la traverse sans y avoir été jeté, frappé ou porté avec les mains ou les bras par un des joueurs de l'équipe attaquante.

Règle 12. — Si la traverse était déplacée par une cause quelconque dans le courant d'un match, l'arbitre a le pouvoir d'accorder un but si, dans son opinion, le ballon passe en un point qui se serait trouvé au-dessous de la traverse, si celle-ci n'avait pas été déplacée.

Règle 13. — Le ballon reste en jeu s'il rebondit d'un poteau de but, de la traverse ou d'un poteau de coin sur le terrain de jeu. Le ballon est en jeu s'il touche, dans le terrain de jeu, l'arbitre ou un arbitre de touche.

Règle 14. — Quand le ballon traverse entièrement la ligne de but ou la ligne de touche en l'air ou sur le sol, il est hors jeu.

Règle 15. — Quand le ballon est en touche, c'est-à-dire lorsqu'il aura complètement dépassé la ligne de touche, un joueur de l'équipe opposée à celle qui l'a mis en touche, le remet en jeu à l'endroit où il est sorti du terrain de jeu. Le joueur doit se tenir sur la ligne de touche en faisant face au terrain de jeu, tenir le ballon des deux mains au-dessus de sa tête et le lancer dans le terain de jeu, dans n'importe quelle direction. Le ballon est en jeu aussitôt qu'il est jeté dans le terrain de jeu. On n'obtient pas un but, si par une remise en jeu, le ballon se trouve jeté dans le but.

Le joueur qui a lancé le ballon ne peut le jouer avant qu'un autre joueur ne l'ait joué. Cette règle est correctement observée si le joueur qui lance le ballon se tient sur n'importe quelle partie de ses deux pieds sur la ligne de touche.

Règle 16. — Quand un joueur joue le ballon ou le remet en jeu de la ligne de touche, tout coéquipier de ce joueur qui, à ce moment, est plus près de la ligne de but adversaire que lui, est hors jeu et ne peut jouer le ballon lui-même ou empêcher un adversaire de le jouer jusqu'à ce que le ballon ait été joué. Mais si, au moment où le ballon a été joué ou remis en jeu, il y avait trois ou plus de ses adversaires plus près de leur but que ce coéquipier, il a le droit de jouer (il n'est pas hors jeu en ce cas).

Un joueur n'est pas hors jeu lorsque, dans le cas d'un coup de pied de coin ou d'un coup de pied de but, il reçoit directement le ballon ou lorsque le ballon a touché un adversaire en dernier lieu.

Un joueur n'est pas hors jeu :

1° S'il a trois adversaires plus proches que lui-même de leur propre ligne de but ;

2° Si le ballon a été touché en dernier lieu par un adversaire ;

3° S'il suit un de ses coéquipiers qui joue le ballon ;

4° Un joueur n'est jamais hors de jeu dans son propre camp ;

5° Un joueur est toujours hors jeu, s'il se trouve devant le ballon au moment où il a été touché en dernier lieu par un partenaire, à moins qu'il y ait trois adversaires plus proches que lui-même de leur propre ligne de but.

Un joueur hors jeu n'a pas le droit de gêner un adversaire de quelque manière que ce soit.

Règle 17. — Quand un joueur fait traverser au ballon la ligne de but de ses adversaires, un de ces derniers le remet en jeu par un coup de pied, le ballon étant posé à 6 mètres du but dans la moitié de la surface du but la plus rapprochée du point où le ballon est sorti du terrain de jeu.

L'arbitre peut consulter les juges de touche pour savoir si, dans leur opinion, un but a été fait.

Règle 18. — Quand un joueur fait traverser au ballon sa propre ligne de but, c'est un de ses adversaires qui le remettra en jeu en donnant un coup de pied au ballon à un mètre au plus du drapeau de coin le plus rapproché du point où le ballon est sorti du terrain de jeu.

On ne doit pas enlever le drapeau du coin pour faire un coup de pied de coin.

Dans chacun de ces deux coups de pieds, les adversaires du joueur qui donne le coup doivent se tenir à 6 m. au moins du balllon.

Règle 19. — Le *gardien de but* (goal keeper) ne pourra se servir de ses mains que dans la surface de réparation du terrain défendu par son équipe, toutefois, il ne pourra pas porter le ballon en faisant plus de deux pas. Toute infraction à cette règle sera pénalisée d'un coup de pied franc.

On ne peut changer le gardien de but que lorsqu'il tient le ballon, gêne un adversaire ou se trouve en dehors de l'enceinte du but.

On peut changer le gardien de but dans le cours d'une partie, mais on doit premièrement en avertir l'arbitre. Quand on change le gardien de but sans en avertir l'arbitre et que le nouveau gardien de but joue le ballon avec ses mains ou ses bras dans la surface de réparation, l'arbitre doit accorder un coup de pied de réparation à l'équipe adversaire.

Règle 20. — Il n'est pas permis de sauter après un joueur, de lui faire un croc-en-jambe ou de lui donner un coup de pied.

Aucun joueur (sauf le gardien de but) ne doit, dans aucun cas, toucher le ballon intentionnellement avec ses mains. Un joueur ne doit pas se servir de ses mains pour tenir, gêner ou pousser un adversaire.

La charge est admise, mais elle ne peut être ni violente, ni dangereuse.

Un joueur ne doit pas être chargé de dos à moins qu'il ne fasse face à son propre but en gênant volontairement un adversaire.

Quand l'arbitre juge qu'un joueur n'a pas intentionnellement gêné ou tenu son adversaire ou n'a pas intentionnellement touché le ballon avec ses mains ou ses bras, il ne doit pas accorder de réparation.

Règle 21. — Quand un coup franc est accordé, les adversaires du joueur qui va donner le coup de pied doivent se tenir à une distance de six mètres au moins du ballon, à moins qu'ils ne se tiennent dans leur ligne de but. Le ballon doit au moins avoir fait un tour sur lui-même pour être considéré comme ayant été joué, et il ne peut être joué par le joueur qui vient de donner le coup franc avant d'avoir été joué par un autre. Le coup d'envoi, le coup de pied de coin ou le coup de pied de but sont considérés comme coups francs dans l'application de cette règle.

Règle 22. — Un but peut être marqué d'un coup franc, sans que le ballon touche un autre joueur, lorsqu'il est adjugé à cause de toute infraction aux règles 19 et 20, mais non pour un autre coup de pied franc.

Règle 23. — Les chaussures et les jambières d'un joueur ne doivent pas avoir de clous dépassant le cuir, ni de projections ou plaques métalliques, ni de gutta-percha. S'il y a des barrettes ou des rondelles sur les semelles et les talons des bottines, leur hauteur ne doit pas avoir plus de 15 millimètres et les clous qui les tiennent en place ne doivent pas dépasser le niveau du cuir. Les barrettes doivent être transversales et plates, allant d'un côté de la bottine à l'autre et ne pas avoir moins de 10 millimètres de large. Les rondelles doivent être rondes, ne pas avoir moins de 15 millimètres de diamètre et ne jamais être pointues ou côniques.

Tout joueur qui fait infraction à cette loi ne peut continuer à prendre part à la partie. L'arbitre doit, si on lui en fait la demande, examiner les bottines des joueurs avant le commencement d'un match.

Le bout des bottines ne doit pas être en métal, même recouvert.

Il est permis de porter des semelles en caoutchouc.

Règle 24. — Un arbitre doit être nommé et son devoir sera de faire respecter les règles et de décider tous les points discutés ; sa décision sur les points de faits attenant au jeu sera sans appel. Il doit aussi prendre note des points gagnés et de la durée d'un match. Dans le cas de mauvaise conduite d'un des joueurs, l'arbitre peut, après avertissement, le renvoyer du jeu, et sans avertissement en cas de conduite violente.

L'arbitre a le droit d'accorder un coup franc quand la conduite d'un joueur lui semble dangereuse ou lorsqu'elle pourrait le dévenir, mais ne l'est pas suffisamment pour qu'il ait le droit d'user de ses pleins pouvoirs. Le pouvoir de l'arbitre s'étend aux infractions commises pendant les suspensions du jeu et pendant que le ballon est hors jeu.

Règle 25. — Deux juges de touche seront nommés. Leurs devoirs, subordonnés à l'appréciation de l'arbitre, sont de décider quand le ballon est hors jeu et quelle équipe a droit au cou de pied de coin, coup de pied de but ou remise en jeu et d'aider l'arbitre à faire jouer la partie selon les règles.

L'arbitre a toujours droit de renvoyer du terrain de jeu un juge de touche qui gêne sans motif le progrès de la partie et de nommer un remplaçant.

Dans les matches importants, il est préférable que les juges de touche ne soient pas membres des clubs en jeu ; ils doivent attirer l'attention de l'arbitre en cas de brutalité dans le jeu ou de faute quelconque et aider celui-ci à faire jouer correctement la partie.

L'arbitre peut nommer des juges de but dont le rôle sera de juger les sorties sur la ligne de but.

Règle 26. — Quand il y a une infraction supposée des règles, le ballon est en jeu jusqu'à ce que la décision de l'arbitre soit prise, c'est-à-dire tant qu'il n'a pas sifflé.

Règle 27. — Quand il y a eu suspension de jeu pour une cause quelconque et que le ballon n'est pas allé en touche ou au delà de la ligne de but, l'arbitre doit, pour le remettre en jeu, le jeter à terre à l'endroit où il était quand le jeu a été suspendu. Le ballon est en jeu aussitôt qu'il a touché terre. Si le ballon allait en touche ou au delà de la ligne de but avant d'être joué par un des joueurs, l'arbitre doit encore le jeter à terre. Les joueurs ne doivent pas jouer le ballon avant qu'il ait touché terre.

Règle 28. — Dans le cas d'infraction aux règles 15, 16, 19, 21 ou 27, un coup franc sera accordé à l'équipe adversaire à l'endroit où l'infraction a eu lieu.

Dans le cas où une infraction involontaire à la règle 20 a lieu en dehors de la surface de réparation, ou lorsque celle-ci est commise par l'équipe attaquante en dedans de cette surface, un coup franc sera accordé à l'équipe lésée de l'endroit où l'infraction a eu lieu.

Règle 29. — Dans le cas d'infraction volontaire à la règle 20 par l'équipe défendant le but en dedans de la surface de réparation, l'arbitre accordera à l'équipe opposée un coup de pied de réparation (Penalty kick) qui sera donné de la marque de réparation (Penalty kick mark), aux conditions suivantes :

Tous les joueurs, excepté celui qui doit donner le coup de pied de réparation et le gardien de but de l'équipe opposée, doivent se tenir en dehors de la surface de réparation. Le gardien de but de l'équipe opposée ne doit pas se tenir en avant de sa ligne de but. Le ballon doit être joué en avant.

Le ballon est en jeu aussitôt le coup de pied donné ; un but peut être fait par un coup de pied de réparation, mais le ballon ne peut plus être joué par celui qui a donné le coup de pied de réparation avant d'être joué par un autre joueur. S'il est nécessaire, la partie sera prolongée afin de donner le temps suffisant pour donner le coup de pied de réparation. Un coup franc sera accordé à l'équipe opposée si le ballon n'est pas joué en avant ou s'il est joué une deuxième fois par le joueur qui a donné le coup de pied de réparation avant d'être joué par un autre joueur.

Quand un coup de pied de réparation a lieu et que le ballon passe entre les deux poteaux et sous la barre transversale, le but ne sera pas annulé en raison d'une infraction quelconque commise par l'équipe défendante.

Quand un coup de pied de réparation est accordé à l'expiration de la durée de la partie et que le ballon touche le gardien de but avant de passer entre les poteaux le but est obtenu.

Un coup de pied de réparation peut être accordé quelle que soit la position du ballon au moment où l'infraction a été commise.

Exception faite des cas prévus par la règle 20, si un coup de pied de réparation n'a pas été donné régulièrement, l'arbitre doit le faire recommencer jusqu'à ce qu'il ait été régulièrement donné.

Le coup de pied de réparation ne peut être accordé que pour les sept fautes suivantes commises intentionnellement par un joueur du camp défendant dans sa surface de réparation :

1. Faire un croche-pied à un adversaire ;
2. Frapper un adversaire ;
3. Sauter sur un adversaire ;
4. Tenir la balle avec la main ;
5. Tenir un adversaire ;
6. Pousser un adversaire.
7. Charger un adversaire par derrière, toutes fautes énumérées à la règle 20.

Toutefois, au cas où ces fautes ne seraient pas considérées comme intentionnelles, le coup de pied de réparation ne sera pas accordé.

Définition des termes

Un coup placé est un coup de pied donné au ballon quand il est à terre au centre du terrain de jeu.

Un coup franc est un coup de pied donné au ballon dans n'importe quelle direction, lorsqu'il est par terre ; aucun joueur de l'équipe adversaire ne doit se tenir à moins de six mètres du ballon, sauf quand il se tient sur sa propre ligne de but.

Pour être considéré comme ayant été joué, le ballon doit avoir fait un tour sur lui-même, c'est-à-dire avoir parcouru une distance de 0 m. 70.

Un coup placé, un coup franc ou un coup de pied de réparation ne peut être donné sans que l'arbitre en ait donné le signal.

Porter le ballon. — Le gardien de but porte le ballon quand il fait plus de deux pas en le tenant ou en le faisant rebondir sur sa main.

Mains (*Hands*). — Mains veut dire jouer le ballon intentionnellement avec les mains ou les bras.

Crocs-en-jambe (*Tripping*). — Crocs-en-jambe veut dire faire tomber ou essayer de faire tomber un adversaire intentionnellement, soit avec les jambes, soit en se baissant devant ou derrière lui.

Tenir (Holding). — Tenir veut dire tenir ou gêner un joueur avec la main ou le bras écarté du corps.

Touche (touch). — La partie du terrain s'étendant de chaque côté du terrain de jeu.

LE FOUET FRAPPE

De 10 à 30 joueurs.

Se joue dans la maison et en plein air.

Un mouchoir noué ou une serviette.

Tous les joueurs forment un cercle, les mains derrière le dos. L'un d'eux doit courir derrière le cercle, une serviette en main, tournant vers la droite. Il place la serviette dans les mains d'un des joueurs et revient à sa première place, toujours en courant. Le joueur qui a reçu la serviette commence immédiatement à en battre le joueur à sa droite, le chassant autour du cercle jusqu'à ce que ce joueur revienne à sa première place. Celui qui a la serviette continue à courir autour du cercle et la donne à un autre qui commence à son tour à battre le joueur à sa droite.

Le but de ce jeu est, pour le joueur qu'on chasse, d'échapper sans être battu et pour celui qui a la serviette de surprendre le joueur qui est à côté de lui et de le battre autant que possible pendant qu'il tourne autour du cercle.

LA BALLE AU MUR

Pour jouer à « La balle au mur », on peut faire un mur soit en bois, en brique ou en pierre. Il devra avoir 6 m. 10 de large (20 feet). La hauteur sera de 3 m. 65 (12 feet) plus un treillage de 1 m. 85 qui surmontera le mur. La ligne de service sera à 5 m. 50 du mur de service et parallèle à celui-ci. L'arrière ou ligne de base sera à 11 m. du mur de service et parallèle à ce dernier. Quand la balle frappe le treillage, elle est en jeu aussi bien que lorsqu'elle frappe le mur.

La balle réglementaire est une balle irlandaise ou une balle de tennis.

Une partie se compose de 21 points et peut être jouée par deux ou quatre joueurs.

1. Le joueur faisant le service de la balle se nomme le serveur et le joueur recevant la balle se nomme le recevant.

2. Le serveur se tient derrière la ligne de 5 m. 50 et près de la ligne de côté. Le recevant se tient près de la ligne de base.

3. Sur le service, la balle doit être frappée d'un bond sur ou devant la ligne de service, c'est-à-dire entre la ligne de service et le mur de service ; elle doit toucher le mur de service, puis rebondir en dehors

du court entre la ligne de service, la ligne de base et les lignes de côté. Si la balle est dans les limites de ces lignes, le service doit être accepté, comme au tennis. L'arbitre peut faire certains passe-droits quand, en raison du mauvais état du terrain le service est impossible et dans ce cas le service peut être refait. Le serveur a droit à deux essais.

4. Une omission de la part du serveur de servir ou de retourner la balle réglementairement se nomme « hors service » (hand out), c'est-à-dire que l'autre côté reçoit la balle et a la chance de marquer des points.

5. Le côté servant gagne un point quand le côté recevant manque de retourner le service ou la balle quand elle est en jeu. Le côté recevant ne marque pas de points.

6. Le serveur perd son service ;

a) S'il fait deux fautes, c'est-à-dire s'il n'envoie pas la balle à l'intérieur des lignes.

b) S'il retourne la balle en jeu de telle sorte qu'elle tombe en dehors du court.

c) Si en retournant la balle il manque de frapper le mur de service.

7. Une balle sur la ligne est bonne.

8. Dans un jeu à quatre, le service se fait par côté, deux d'un côté qui servent et les deux autres de l'autre côté. Pendant le service le partenaire du serveur doit se tenir en dehors et derrière la ligne de base.

9. Si la balle, quand elle est servie, frappe le serveur ou son partenaire, le serveur sera retiré, s'il a frappé un des joueurs du côté opposé cela sera compté pour le serveur.

10. Si la balle en jeu, avant de frapper le mur de service, frappe un partenaire, cela est compté contre le côté servant la balle.

11. Si la balle entre en jeu avant de frapper le mur de service, c'est un arrêt. D'autres arrêts sont :

a) L'intervention d'un spectateur.

b) Quand un joueur intervient dans le jeu sans intention de retourner la balle. Ce joueur doit rester immobile et ne pas tâcher de s'esquiver.

c) Quand la balle frappe un appareil quelconque qui n'est pas plus haut que le mur de service.

Un arrêt ne compte pas et la balle est servie de nouveau.

12. On ne peut pas se servir des pieds et l'on doit se servir d'une seule main à la fois. La balle doit être frappée une seule fois au retour.

13. Dans les doubles, il y aura deux hors service de suite pour le côté servant, excepté au commencement, quand le côté gagnant le tour de service aura seulement un hors service.

14. On n'accordera aucun point de jeu.

15. Pendant un match les substituts seront autorisés seulement en cas d'accident.

16. Un joueur peut ne pas jouer en simple et en double dans une épreuve de Ligue.

17. Dans un match les gagnants doivent gagner deux jeux sur trois

Conseils : Apprendre à placer la balle sur le service aussi bien que sur le retour.

Apprendre à juger la balle de sorte que vous puissiez frapper le bas du mur.

Jouer pour votre propre côté.

Très bon jeu pour les filles.

Le jeu peut être joué par des joueurs plus jeunes en se servant d'un léger volley-ball.

INDOOR ASSOCIATION HANDBALL

Se joue avec un ballon de grosse dimension. Le terrain ne doit pas avoir moins de 22 m. 86 × 15 m. 25 (75 × 50 feet), à chaque bout duquel on placera un but représenté par des poteaux, chaises, etc.. Une ligne sera tracée entre les buts et une corde les traversera, de préférence à 1 m. 37 du sol au moins. Le but peut être tracé avec de la craie sur le mur.

Le jeu se joue d'après les règles de foot-ball association, sauf que le ballon est envoyé avec la paume de la main au lieu d'être envoyé avec le pied.

Pour commencer le jeu, le ballon est placé sur le terrain au centre du jeu et envoyé en avant par le centre avant, tous les autres joueurs doivent rester à 4 m. 50 de distance.

Le ballon est envoyé par coups donnés avec la paume de la main ; il peut ne pas être lancé ou porté et dans aucun cas il ne doit s'élever plus haut que l'épaule.

Un but est compté quand le ballon entier traverse la ligne de but entre les poteaux. Chaque but compte pour un point.

Sur un coup de coin, le joueur qui se tient derrière la ligne fera rebondir le ballon sur le sol et l'avancera en jeu.

Sur un coup dedans (knock-in) donné quand le ballon traverse la ligne de touche, le joueur fera rebondir le ballon sur le terrain et le renverra ainsi en jeu.

Quand ses adversaires ont joué le ballon derrière sa ligne de but, le gardien de but le remettra en jeu en le faisant rebondir sur le sol et en le frappant quand il se trouvera à 3 m. en face de son propre but.

Fautes : *a*) Tenir, charger ou faire un croche-pied à un adversaire.

b) Donner un coup de pied au ballon ou l'arrêter avec le pied ;

c) Tenir le ballon sur la main.
d) Jeter le ballon avec le poing.
e) Dribbler (conduire la balle par petits coups), sauf avec une main
f) Jeter le ballon avec une ou deux mains.

La pénalité pour ces fautes est un coup franc donné à 5 m. en face le but de l'équipe offensante. Pendant que le coup est donné, tous les joueurs, excepté celui qui donne le coup et le gardien de but, devront rester à une distance de 5 m. du ballon et du but. Le gardien du but restera au but. De même, lorsque l'on donne des coups de coin, de ligne de côté ou de but, les autres joueurs doivent rester à une distance de 5 m.

JACQUES ENDORMI

On forme un cercle. Un enfant au centre lance la balle (volley-ball) à n'importe quel enfant du cercle : il essaie de trouver un joueur qui ne fait pas attention.

La balle est lancée à celui-là qui naturellement manque de l'attraper et qui alors devient « Jacques endormi ».

Chaque « Jacques endormi » doit se retirer du jeu et on continue à jouer jusqu'à ce qu'il ne reste qu'un seul enfant qui, au prochain jeu, lance le ballon pour mettre le jeu en train.

Ce jeu est très bon pour les petits enfants pour leur apprendre à attraper la balle.

LANCEMENT DU BASKET-BALL POUR LA DISTANCE

Épreuve athlétique de Filles

Un cercle ayant 2 mètres de diamètre (voir calque bleu) sera tracé sur le parquet ou sol. En lançant la balle les concurrentes ne toucheront pas en dehors du cercle avec aucune partie de leur corps jusqu'à ce que la balle retouche la terre. Si n'importe quelle partie du corps touche en dehors du cercle, la distance atteinte ne sera pas inscrite, mais le lancement comptera pour un essai. Trois essais sont permis et le meilleur lancement sera enregistré. Le lancement devra être fait d'une seule main, et la distance réglementaire pour concourir est de 14 m. (voir calque bleu) avec un basket-ball, et de 15 m. (voir calque bleu) avec un volley-ball. Si cette épreuve est faite en plein air, elle devra avoir lieu un jour qu'il n'y a pas de vent.

LA LIGNE DANGEREUSE

10 à 60 joueurs.

On marque un but de chaque côté de la chambre et au milieu entre les deux buts on tire une longue ligne qui est « la ligne dangereuse ». Aux deux bouts de cette ligne on place un joueur qui fait le rôle de chasseur. Les autres joueurs se tiennent dans les buts. Aussitôt que le jeu a commencé, ils doivent traverser constamment d'un but à l'autre et les chasseurs essaient de les toucher. Pendant qu'ils sont dans le but ou à la ligne dangereuse ils ne peuvent être touchés par le chasseur, mais ils n'ont pas le droit de retourner à la ligne dangereuse ou au but qu'ils viennent de quitter. Ils doivent toujours continuer vers le but opposé. Ceux qui sont touchés quittent le jeu. Celui qui est touché en dernier gagne le jeu, devient chasseur pour le jeu suivant et choisit celui qu'il veut pour être le deuxième chasseur.

LONG-BALL

Ce jeu se joue avec une batte et une balle moins dure que celle employée pour le base-ball (balle généralement utilisée sur les terrains de jeux de la Croix-Rouge Américaine de la Jeunesse « 12 inch. playground-ball » (30 cm. de circonférence).

La base doit être à 21 m. 35 de la plaque de but. Cette base doit être placée à droite ou à gauche du but du lanceur pour éviter des collisions. La base peut être un poteau ou un carré marqué sur le terrain. La première et la troisième base sont seulement utilisées pour marquer l'emplacement réservé au jeu. La plaque du lanceur doit être à 12 m. 20 de la plaque du but.

Pour de plus jeunes enfants la distance entre la base et la plaque de but peut être fixée à 15 m. 25 et la distance entre la plaque de but et la plaque du lanceur doit être diminuée en proportion.

Deux équipes ayant chacune un nombre égal de joueurs, de 3 à 10, lanceur, attrapeur et autres joueurs de champ. Un des joueurs de champ garde la base.

Le joueur à la batte doit courir vers la base dès qu'il a touché la balle — que ce soit une balle valide ou une balle nulle — et lâcher la batte. Le joueur suivant ramasse la batte et continue jusqu'à ce qu'il ait touché la balle à son tour et ainsi de suite.

Si un joueur fait une balle nulle, il doit courir jusqu'à la base et y rester jusqu'à ce qu'une balle valide soit faite par un autre joueur.

Si un joueur fait une balle valide il doit courir jusqu'à la base et revenir à la plaque de but s'il le peut. Tous les joueurs retenus à la base pour mauvaise balle peuvent revenir au « but » pour n'importe quelle balle valide.

Trois morts font changer les équipes de côté. Un joueur est mort pour les causes suivantes :

1. Être attrapé en courant vers la base.

2. Sortir des lignes ou être touché en dehors du « but ».

3. Être touché quand on court entre les bases, ou se tenant hors la base.

4. Si tous les joueurs de l'équipe à la batte sont retenus à la base, l'équipe est morte.

L'équipe à la batte gagne un point chaque fois qu'un joueur atteint la base et revient au but après une balle valide. Plusieurs joueurs peuvent être retenus à la base en même temps et tous doivent y rester jusqu'à ce qu'une balle valide leur permette de rentrer au but.

Le jeu officiel comprend sept « innings » (c'est-à-dire sept manches).

Pour les matches chaque équipe comprendra neuf joueurs.

Nota. — Dans le jeu de long-ball, pour toucher un joueur, il n'est pas nécessaire que la balle soit dans la main, elle peut être lancée sur le joueur.

LE LOUP

0 à 30 joueurs.

Appareils : Un grand objet, tel qu'un banc ou un arbre qui représentera le but.

On choisit un joueur pour être le loup ; il se cache pendant que les autres joueurs se tiennent près du but en se cachant les yeux. Ils donnent une minute au loup et puis crient : « On vient, ne dites rien. » Si le loup n'est pas prêt, il crie : « Non » et on lui donne encore un peu de temps. Quand ce temps est terminé, les joueurs commencent à le chercher. Celui qui le trouve le premier crie « Le Loup ». Là-dessus le loup saute hors de sa cachette et les autres joueurs courent vers le but. Le loup les poursuit, et en touche tant qu'il peut. Ceux qu'il touche deviennent des loups, et se cachent avec lui au prochain jeu, soit dans la même cachette, soit dans différentes cachettes. Le jeu continue jusqu'à ce que tous soient devenus des loups. Le loup ne doit pas forcément attendre qu'on le trouve, mais peut sauter hors de sa cachette quand il croit qu'il a la chance de toucher un des joueurs. Il peut aussi essayer d'atteindre le but avant les autres et les toucher au moment qu'ils entrent. S'il tient le but de cette façon, un des autres joueurs devrait essayer de le tenter, pour qu'il le poursuivre et quitte ainsi le but. Le joueur qui se sacrifie ainsi risque d'être touché, mais cela permet aux autres d'atteindre le but sans avoir été touché. Autrement le jeu est bloqué et ne peut continuer. Si un joueur le désire, il peut rester près du but au lieu d'aller à la recherche du loup. Et le loup, si on ne le trouve pas, peut rester dans sa cachette, jusqu'à ce qu'il trouve une bonne occasion pour sortir.

LES LOUPS ET LE BETAIL

De 10 à 60 joueurs.

Sur un côté d'un carré les deux coins forment un but : au milieu d'un carré, mais du côté opposé se trouve un troisième but qui sert de repaire au loup. Un joueur représente celui-ci. Les autres joueurs qui représentent le bétail se divisent en deux groupes et se tiennent dans les deux buts des coins.

A un signal donné le bétail change de but et pendant ce changement le loup essaie d'en toucher le plus possible. Tous ceux qu'il attrape deviennent des loups et retournent avec leur chef à son repaire.

Quand le signal suivant est donné les loups forment un rang en se donnant la main et chassent le restant du bétail, mais seuls ont droit d'attraper le bétail le premier loup qui est en tête du rang et le premier joueur attrapé qui le termine, les autres barrant seulement la route au bétail.

Si la ligne des loups est rompue, le bétail peut sortir de ses buts pour chasser les loups jusqu'à leur repaire.

Le dernier attrapé devient le loup à la partie suivante.

LA LUTTE EN TIRANT

10 à 100 joueurs.

Gymnase ou terrain de jeux.

Un nombre illimité peut s'engager dans cette lutte, qui est un des meilleurs jeux pour un grand nombre de personnes, c'est un sport excellent et un exercice vigoureux. On tire une ligne au milieu de l'emplacement du jeu. Les joueurs sont divisés en deux groupes, chacun se tient, un de chaque côté de la ligne. On donne le signal de départ et aussitôt les joueurs essaient d'attraper un adversaire par n'importe quelle partie de son corps, la main, le bras ou le pied, en se penchant par-dessus la ligne et en essayant de le tirer de son côté. Plusieurs joueurs peuvent essayer d'entraîner un adversaire, mais aussi plusieurs amis peuvent se porter à son secours et essayer de résister pour qu'on ne puisse l'entraîner de l'autre côté de la ligne, soit en le tirant du côté opposé, soit en essayant d'attraper un de leurs adversaires. Un joueur n'appartient pas à l'ennemi avant que son corps entier soit de l'autre côté de la ligne. Il doit alors se joindre au camp qui l'a capturé et essayer d'attraper d'autres joueurs.

Le côté gagnant est celui qui a le plus grand nombre de joueurs à l'heure qui aura été déterminée pour la limite du jeu.

LE MAGASIN DE POUPÉES

Dans ce jeu les enfants, à tour de rôle, représentent le propriétaire du magasin, ses aides, les domestiques qui y mettent de l'ordre, les clients et les poupées.

Les enfants emploient leur imagination et leur initiative à jouer leurs rôles. Il peut y avoir toutes espèces de poupées : des poupées qui chantent, qui dansent, des poupées drôles, etc.

La même idée peut servir pour un magasin de jouets, ou un magasin du Père Noël.

MINUIT

10 à 30 joueurs.

Terrain de jeux, gymnase, classe.

Un joueur représente le renard, les autres représentent les moutons. Le renard peut attraper les moutons à minuit seulement. Le jeu commence avec le renard placé dans son antre qui est marqué d'un côté du terrain de jeux, et les moutons sont dans la bergerie marquée dans le coin opposé diagonalement à l'antre du renard. Le renard quitte son antre et se promène dans la prairie (préau de jeux), puis les moutons sortent aussi et s'éparpillent tout autour s'approchant aussi près du renard qu'ils l'osent. Ils lui demandent continuellement : Quelle heure est-il ? Et il répond l'heure qu'il veut. S'il dit : « Trois heures », ou « onze heures », les moutons ne risquent rien, mais s'il dit « minuit » ils doivent courir vers la bergerie aussi vite que possible, le renard les poursuivant.

Si un mouton est attrapé, il doit changer de place avec le renard et on répète le jeu.

Quand on joue dans une classe très peu d'enfants devraient représenter les moutons.

NET-BALL

Voici les règlements officiels du jeu de net-ball tel qu'il sera joué aux terrains de jeux de la Croix-Rouge Américaine de la Jeunesse.

Jeu

Consistera à gagner 21 points.

Nombre de joueurs

De deux à vingt joueurs. Pour des concours ou matches, 7 joueurs réguliers et 2 substituts composeront une équipe. Le nombre de joueurs peut être augmenté, si les deux équipes sont d'accord à 9 joueurs réguliers et 2 substituts.

Grandeur du jeu

L'emplacement aura 25 pieds de largeur sur 50 de longueur et sera divisé en deux parties égales par un filet.

Pour des enfants au-dessous de dix ans, on peut tracer une ligne au travers du jeu et parallèle au filet et à une distance de 15 pieds de ce dernier. L'espace entre cette ligne et la ligne délimitant le jeu derrière, sera employé pour le service et la balle peut être lancée de n'importe quel point de ce terrain de service.

Le service donné par un enfant de cet emplacement peut être assisté par un autre joueur. La ligne de service habituelle sera derrière la ligne délimitant le jeu.

Filet

Le filet aura, au moins, 2 pieds de largeur sur 25 de longueur, et sera attaché après un mur, ou à des supports placés, quand il sera possible, à 1 pied en dehors des lignes latérales, délimitant le jeu.

Hauteur du filet

La hauteur réglementaire pour le sommet du filet est de 7 pieds et 15 centimètres du sol, mais on peut le baisser, suivant l'âge des joueurs, à 6 pieds 15 centimètres.

La balle

La balle doit être celle qu'on emploie pour le volley-ball réglementaire.

Le but du jeu

Le but du jeu est, pour le côté servant, de lancer la balle chez l'adversaire, et d'essayer qu'elle touche le sol. Si la balle lancée par le côté servant touche terre du côté adversaire, le côté servant gagne un point. Si la balle est renvoyée par le côté adversaire, et qu'elle touche terre du côté de l'équipe servant, les adversaires prennent la balle et ont ainsi l'occasion de gagner des points.

Manière de servir la balle

La balle doit être lancée d'une main, en faisant un grand mouvement du bras.

Position des joueurs

Numérotez les joueurs et leurs places dans le jeu, et qu'ils changent de place en rotation pour permettre à chaque joueur d'occuper les différentes places du jeu, pendant la partie. *Changez de place après chaque service seulement.*

Limite pour la balle

Une balle qui touche la ligne délimitant le jeu est bonne.

Balle touchant le filet

Une balle lancée dans le filet ou touchant le sommet du filet en allant de l'autre côté est bonne jusqu'à ce qu'elle touche terre.

Le serveur

1. Chaque joueur de l'équipe servira la balle à tour de rôle, et aura droit à deux coups d'essai.
2. *Balle échappée.* Si la balle servie touche le sommet du filet et tombe dans le camp opposé, elle gagne un point.
3. Le serveur se tiendra sur la ligne arrière de limite, le pied touchant la ligne. *Pour les adultes aucune autre ligne de service ne sera permise.*
4. La balle doit être lancée d'une seule main, si le joueur manque de servir de cette façon, il perd sa place et on change de service.
5. Le serveur ne peut toucher la balle qu'une seule fois avant qu'elle ait été renvoyée par les adversaires.
6. Pour les commençants le second service peut être aidé (relayé) une fois, par un membre de l'équipe.
7. Les membres des équipes ne peuvent toucher la balle plus de deux fois successivement.
8. Une balle de service qui touche un objet placé dans le jeu, et qui tombe ensuite en dehors du jeu ou qui est lancée en dehors du jeu par le serveur, en traversant le filet, ou qui est lancée hors des limites par un des joueurs du côté servant, fait que le serveur doit se retirer.
9. Un joueur qui sert doit continuer jusqu'à ce qu'il manque son service, ou jusqu'à ce qu'un des joueurs de son équipe envoie la balle en dehors des limites du jeu, ou si un de ses joueurs manque de relancer la balle par-dessus le filet, ou qu'une des fautes suivantes soit commise par un des membres de son équipe : frapper la balle avec le poing fermé. Que deux joueurs du même côté se lancent la balle de l'un à l'autre plus de deux fois successivement.

Quand la balle est en jeu

Après le service la balle en jeu peut être lancée d'un joueur à l'autre de la même équipe, pourvu qu'ils ne se la passent pas plus de deux fois successivement.

Les points

Chaque bonne balle servie et non renvoyée par le côté opposé, ou chaque faute commise par le côté qui reçoit la balle, comptera 1 point pour l'équipe servant.

Fautes

1. Si le joueur de l'équipe servant donne un coup au ballon avec le poing fermé ou s'il pousse la balle ou la lance à un joueur de son propre côté plus de deux fois successivement, ceci provoquera un changement de service.

2. Si des fautes sont commises, pendant que la balle est en jeu, par l'équipe qui reçoit la balle, le jeu continuera jusqu'à ce qu'un côté manque de renvoyer la balle, quand les points gagnés à cause des fautes commises seront donnés aux adversaires. Cela dépendra si l'on juge bon de faire changer le service, ou d'abandonner la balle.

3. Si le côté qui reçoit la balle commet des fautes, cela comptera 1 point pour le côté servant.

4. Tout joueur, sauf le capitaine, qui parle à l'arbitre, ou qui fait des observations sur son compte ou sur le compte d'un autre joueur, ou qui donne un coup de pied à la balle, sera disqualifié, et son équipe sera forcée de continuer à jouer sans lui.

5. Il ne sera permis à aucun joueur de lancer la balle s'il est adossé ou appuyé contre un objet ou contre un autre joueur, il doit la lancer en se tenant par terre, ou en sautant, et sans être aidé.

Quelques observations pour aider les joueurs

1. Cherchez un espace à découvert dans le camp de l'adversaire et essayez de lancer la balle à cet endroit.
2. Jouer ensemble, ne laisser aucun espace à découvert.
3. Passez la balle de l'un à l'autre quand possible.
4. Veillez constamment au jeu, surtout aux adversaires.
5. Un joueur doit être capable de veiller sur un espace de 10 pieds × 10 pieds.
6. Ne quittez pas la balle des yeux.
7. Gardez un joueur près du filet pour veiller et attraper les balles qui touchent le filet et les balles échappées.

VOLLEY-BALL

Le jeu de volley-ball se joue sur le même emplacement que le jeu de net-ball et avec le même matériel. Pour les matches officiels les équipes se composeront de six joueurs, un substitut ne peut prendre la place d'un autre joueur que lorsque la balle a été déclarée « morte » par l'arbitre, et il doit en aviser ce dernier de suite.

Service. — La balle doit être lancée de l'autre côté du filet par un joueur qui se tient derrière la ligne de service, il doit frapper la balle avec la paume de la main.

Points. — Un point est compté lorsqu'une bonne balle n'est pas légalement renvoyée par le côté opposé.

Changement de service. — Il y aura un changement de service chaque fois que l'équipe qui a la balle manque de gagner un point ou joue illégalement. Une personne touchant la balle quand elle n'est pas « morte » sera considérée comme étant en train de jouer.

Hors jeu. — La balle est « hors jeu » quand elle touche toute surface ou objet hors des limites du jeu.

Balle morte. — La balle est « morte » quand l'arbitre siffle pour faire une remarque ou donner une décision.

Remarque : Un joueur qui, dans l'opinion de l'arbitre, commet un acte qui a tendance à ralentir ou arrêter le jeu inutilement, sera considéré comme « retardant le jeu ».

Quand la balle est arrêtée momentanément dans les mains ou bras d'un joueur et n'est pas nettement frappée, le joueur sera considéré comme « attrapant » ou « gardant » la balle.

Le jeu consistera à gagner quinze points.

Les championnats seront remportés en gagnant deux jeux sur trois.

Si une équipe n'est pas sur le terrain une minute après que l'arbitre a donné le signal de jouer, le jeu sera confisqué à l'équipe qui est prête.

Les points d'un jeu confisqué est de 1 à 0.

Choix du côté du terrain. — Les capitaines doivent tirer à la courte paille pour le service et choix de cour. Celui qui gagne a le droit de choisir entre ces deux choses.

Serveur et service. — Au commencement du jeu, la balle sera lancée par le premier joueur de l'équipe qui a le service. Chaque serveur continuera de servir jusqu'à ce que l'arbitre siffle pour déclarer l'équipe hors jeu, et l'équipe à qui revient le service doit changer de place par ordre numéral. Un service qui touche le filet ou tout autre objet met l'équipe hors jeu.

L'équipe qui perd le jeu aura le premier service pour le jeu suivant.

Le serveur doit faire le service du coin, à droite ou à gauche, derrière la ligne.

Jouer la balle. — La balle peut être frappée dans n'importe quelle direction avec la tête, une ou deux mains ou les poings, mais elle ne doit pas toucher le sol, sortir du jeu ou passer en dessous du filet.

La balle peut être jouée par un nombre illimité de joueurs avant d'être renvoyée de l'autre côté du filet, mais aucun joueur ne peut frapper la balle deux fois de suite.

Une balle touchant le filet, autre que celle de service, et tombant dans la cour opposée, est encore en jeu.

Si un joueur d'une équipe frappe la balle hors des limites, « équipe hors-jeu » ou « point » sera déclaré contre son équipe.

Remarque : Ceci n'interdit pas la reprise d'une balle hors des limites par l'équipe qui l'a frappée, du moment que le joueur n'avance pas au delà du filet ou que la balle n'est pas hors jeu.

Toute balle, autre que celle de service, peut être rattrapée du filet.

Une balle touchant les lignes de limite du jeu sera considérée comme bonne.

L'arbitre peut permettre un second service si la balle est discutée.

Un joueur ne devra pas :

1. Taper la balle s'il est supporté par un autre joueur ou un objet.
2. Dribbler, c'est-à-dire toucher la balle plusieurs fois de suite.
3. Attraper ou garder la balle.
4. Atteindre au-dessus du filet pour frapper la balle.
5. Servir hors de son tour de service.
6. Toucher le filet.

Remarque : Si deux joueurs d'équipes adverses touchent simultanément le filet, aucun point ne sera gagné, et le même joueur fera le service.

7. Intervenir dans le jeu d'une équipe opposée en allant dans leur cour.
8. Adresser l'arbitre.

Remarque : Les capitaines seulement ont le droit d'adresser l'arbitre.

9. Ralentir le jeu.
10. Faire des remarques personnelles ou dérogatoires sur des joueurs de l'équipe adverse.

Points. — Quand l'équipe qui doit recevoir la balle manque de la renvoyer légalement au-dessus du filet dans la cour de l'équipe adverse, cela compte comme un point pour l'équipe qui a le service.

Remarque : On ne peut pas faire de points quand la balle est « morte ».

PASSE BALLON

10 à 100 joueurs.

Pouvant se jouer dans le préau, au gymnase ou dans l'école.

On joue avec un ballon, un sac de haricots, un sac d'avoine ou autre acccessoire.

Les joueurs se placent en deux ou plusieurs rangs, les uns derrière les autres. Chaque rang lutte contre les autres rangs, donc il est nécessaire qu'il y ait un nombre égal de joueurs par rang. Le « Capitaine » ou « chef de file » doit toucher une ligne qui sera tracée en travers le sol, et tient un ballon de « basket-ball » ou autre accessoire. A un signal donné, il relève les bras en avant puis au-dessus de sa tête et passe le ballon au joueur qui se trouve derrière lui qui, à son tour, le repasse de la même manière au suivant, et ainsi de suite jusqu'au bout de la rangée. Le dernier du rang court immédiatement en avant en emportant le ballon avec lui et se place devant la ligne qui fait un pas en arrière pour lui céder la première place, il met son pied contre la ligne tracée sur le sol et relance le ballon de nouveau en arrière. Le jeu continue jusqu'à ce que le capitaine arrive à être le dernier de son rang et vienne reprendre sa place en avant. Chaque rang a bien entendu un ballon et c'est l'équipe dont le Capitaine regagne le premier sa place qui gagne la partie.

Le jeu peut être plus animé si on passe à la suite plusieurs objets différents, tels que : ballon, balle de tennis, massue, sac de haricots, une haltère, etc...

Si on joue le jeu de cette façon le dernier joueur (le capitaine) doit réunir tous les objets et courir en avant avec eux, ou on peut terminer le jeu quand le dernier objet en circulation arrive au bout de la rangée.

LES PETITS PAQUETS

On choisit un joueur qui « y est » et un second joueur pour courir Les autres joueurs forment deux cercles, l'un placé dans l'autre, les joueurs n'ayant pas moins de 2 mètres de distance entre chacun d'eux et chacun des joueurs du cercle extérieur doit être placé exactement derrière les joueurs du cercle intérieur. Le joueur qui a été choisi pour courir part, poursuivi par celui qui « y est ». Le coureur peut se placer devant n'importe quel couple de joueurs, formant ainsi une file de trois. Alors, il est sauf, mais celui des trois qui se trouve à l'extérieur peut être touché et pour se sauver, il doit courir et se placer devant une autre file. Si un joueur est touché il « y est », celui qui l'a touché devient le coureur.

Le jeu peut être rendu plus intéressant en faisant courir deux ou plusieurs couples à la fois.

On peut aussi le varier en faisant tourner les deux cercles face à face, en laissant un espace entre eux pour courir ; quand on fait ceci le coureur se place entre les deux joueurs et celui vers lequel il tourne son dos est celui qui peut être touché.

LA PILE DE SACS

10 à 100 joueurs.

Gymnase ; terrains de jeux ; salle de classe.

Sacs de haricots ; sacs d'avoine.

Les joueurs sont divisés en deux ou plusieurs camps égaux qui s'alignent en colonnes. Devant chaque colonne est placée une pile de 10 à 15 sacs de haricots ou sacs d'avoine qu'on devra passer tout le long de la file. Au signal le premier joueur de chaque rangée prend un sac et le passe tout le long de la ligne. Il envoie les autres successivement aussi rapidement que possible. Quand le dernier joueur de la rangée reçoit le sac de haricots il le place par terre devant lui, et au fur et à mesure que chaque sac lui arrive il les place sur le premier, formant ainsi une pile, le premier sac doit seul toucher par terre ; le tas doit se tenir sans l'aide de personne, et personne ne peut aider le joueur qui les place en pile. Si, à n'importe quel moment, le tas tombe le joueur qui les a placés devra de nouveau en faire une pile. La ligne qui arrive à avoir tous les sacs empilés la première gagne un point. Le dernier joueur, celui qui a empilé les sacs, les emporte alors au-devant de la ligne et devient ainsi le premier lanceur pour le tour suivant de la partie. La ligne gagnante est celle qui arrive à avoir 5 ou 10 points selon qu'il aura été décidé au commencement du jeu. Le jeu devra se faire très rapidement.

LE PROFESSEUR

Ce jeu est joué avec des sacs de haricots ou des balles. C'est un jeu très simple qui peut être utilisé avec des enfants qui commencent à apprendre à lancer et à jeter une balle ou un sac de haricots.

Un joueur est choisi par le professeur. Il se tient en face des autres qui sont placés en ligne à un intervalle variant de 1 m. 50 à 6 m. Le professeur commence le jeu en jetant la balle à chaque joueur à tour de rôle et elle lui est retournée immédiatement.

Chaque joueur qui manque la balle s'en va au bout de la ligne. Si le professeur la manque, sa place est prise par le joueur en tête de la ligne, et le professeur s'en va au bout de la ligne. Cela devra s'exécuter aussi rapidement que possible.

LE RELAIS

Cours de récréation ; salle de gymnastique.

Les joueurs sont divisés en deux ou plusieurs groupes d'égale importance.

A son tour, chaque groupe est divisé en deux divisions qui se tiennent en deux files face à face. Le capitaine de chaque file touchant une ligne de départ. A un signal, les capitaines d'un côté du terrain partent, mais au lieu de toucher un but ou une ligne de clôture à l'extrémité opposée du terrain, le coureur touche la main étendue du capitaine de la file qui fait face à la sienne et sort du jeu. Il ne doit pas se remettre en ligne avec sa file. Le capitaine dont on vient de toucher la main part à son tour et va toucher la main du joueur qui lui fait face d'où est parti le numéro 1, puis il sort du jeu. Chaque joueur court ainsi dans une seule direction au lieu de deux, comme dans un « relais simple ». Le côté qui gagne est celui dont le dernier joueur passe le premier la ligne de départ qui lui fait face.

Observations. — Comme dans la course de « relais simple » cette course peut être jouée avec des drapeaux.

Les autres observations données dans la « course de relais simple » s'appliquent à celle-ci.

RELAIS CARRÉ

Nombre de joueurs : *3 à 12 ou plus par équipe.*

Appareils : Deux balles ou sacs de haricots.

Placez quatre objets de 5 à 10 m. (voir calque bleu) de distance l'un de l'autre en forme de carré comme un carreau de base-ball. Dans ces règlements les bases sont marquées par les lettres A, B, C, D, autour du carreau.

L'équipe 1 s'aligne en une seule ligne derrière le point A. L'équipe 2 s'aligne en une seule ligne, derrière le ponit C, en laissant suffisamment d'espace entre les équipes et les bases pour permettre aux coureurs de passer librement à l'extérieur des bases. Chaque chef d'équipe tient une balle au signal de départ. Le chef de l'équipe 1 part en courant autour et en dehors des points B, C, D et retourne à A et passe la balle au second coureur de son équipe. Le chef de l'équipe 2 part en courant autour et en dehors des points D, A, B, retourne à C et passe la balle au second coureur, etc... L'équipe gagnante est celle dont le chef reçoit en premier la balle en mains après que tous les autres membres de son équipe ont couru.

1. Un coureur de l'équipe 1 peut lancer la balle au coureur suivant de son équipe à n'importe quel point entre D et A ; et un coureur de l'équipe 2 peut la lancer de n'importe quel point entre B et C. Si, cependant, un coup est mal lancé par un coureur et la balle roule dedans ou au delà du carré entre les points A, B et C, D ; le coureur suivant doit chercher la balle et retourner à son point de départ et doit encercler et inclure les points A ou C dans sa course. Tous les quatre points doivent être compris dans le parcours de la course. Si on manque de faire ceci on commet une « faute ».

2. Marcher avec la balle, puis la passer au joueur suivant.

3. Marcher avec la balle et la lancer au joueur suivant.

4. Marcher en arrière avec la balle et puis la passer au joueur suivant.

5. Marcher en arrière avec la balle et la lancer au joueur suivant.

RELAIS DE SACS DE HARICOTS ET DE BASKET-BALL.

10 à 60 joueurs.

Salle de classe.

On donne un sac de haricots à chaque joueur. Un panier à papier ou une boite est placée par terre, près du tableau noir devant chaque allée. En ligne et horizontalement avec le bord avancé de chaque pupitre de la première rangée une ligne est tracée sur le parquet à chaque bout de l'allée qui sert de ligne de lancement et de laquelle les joueurs jetteront leurs sacs de haricots dans les paniers. Le jeu est un concours d'adresse plutôt que de vitesse. A un signal du professeur le premier élève de chaque rangée se lève, place la pointe de son pied à la ligne de lancement et jette son sac de haricots vers le panier. Si le sac va dans le panier on compte 5 points. S'il tombe sur le rebord du panier on compte 3 points. S'il tombe en dehors on n'a pas de points. Aussitôt que ces premiers joueurs ont lancé, ils retournent à leurs places et la deuxième rangée de l'autre côté de la chambre fait quelques pas en avant, puis lance. Ceci continue jusqu'à ce que chaque joueur ait lancé et la ligne gagnante est celle qui a le plus de points. On devrait avoir un seul arbitre pour le jeu et il dessinera un diagramme sur le tableau pour inscrire les points.

LE RENARD ET LES OIES SUR LES ANNEAUX DE VOYAGE

Dans ce jeu on choisit un joueur pour faire le renard, les autres enfants sont les oies. Toutes les oies partent sur les anneaux ; après que la dernière oie est bien partie, le renard se met en route.

Les oies voyagent tout le long des anneaux et arrivées au bout courent en arrière pour reprendre leurs places.

Le but du jeu est : que le renard arrive à attraper une des oies qui alors devient le renard.

LE RENARD BOITEUX ET LES POUSSINS

10 à 60 joueurs.

D'un côté de la salle se trouve le repaire du renard et de l'autre côté se trouve le « poulailler ». Un joueur est choisi pour être le renard et prend sa place dans son « repaire » ; les autres joueurs sont les poussins et se tiennent dans le poulailler. A un signal donné, tous les poussins sortent en courant ; le renard sautant à cloche-pied les chasse et en attrape autant qu'il peut. Ceux qui sont attrapés deviennent des renards et rentrent au « repaire », à un second signal les poussins retournent à leur poulailler et le premier renard qui jusqu'à ce moment les chassait, va se joindre aux autres renards dans le « repaire ». Au prochain signal, tous les renards en sautant à cloche-pied chassent les poussins et chaque renard en attrape autant qu'il peut.

Le jeu continue ainsi jusqu'à ce que tous les poussins soient attrapés.

Pendant qu'un renard est hors du « repaire », il peut changer de pied, mais il ne doit jamais mettre les deux pieds ensemble à terre ; s'il le fait, les poussins peuvent le chasser avec leurs mouchoirs jusqu'au « repaire » et il ne peut pas en sortir avant le prochain signal pour la sortie générale.

Les renards, ainsi que les poussins, peuvent retourner chez eux pour se reposer à n'importe quel moment du jeu.

SAUTER ET ATTEINDRE

Le joueur se tient avec un côté contre un mur et, sans soulever les talons, essaye de toucher le plus haut possible avec la main. On marque l'endroit où il touche. Alors il saute et touche le mur aussi haut que possible : l'endroit qu'il touche est marqué.

On mesure la distance entre les deux endroits marqués. Une toise sur le mur aide à mesurer les sauts. Cinq sauts sont permis et le meilleur saut gagne.

LE SERPENT EMPOISONNEUR

10 à 30 joueurs. Plein air ou gymnase.

Les joueurs se donnent la main et forment un cercle.

On place une quinzaine de massues ou haltères ou quilles dans le cercle, n'importe comment pourvu qu'il y ait de la place pour passer juste entre. Les joueurs essaient alors en tirant ou en poussant leurs camarades, rien qu'avec les mains jointes, de leur faire renverser les massues. Tout joueur qui renverse une massue ou qui lâche les mains doit immédiatement se retirer du jeu. On relève la massue tombée. Les premiers joueurs qui sortent du jeu forment un second cercle et recommencent un « faux » jeu ; les joueurs sortant du deuxième « faux » jeu recommencent un troisième faux jeu, etc...

Le joueur gagnant est le dernier qui reste du premier jeu.

Quand plusieurs jeux ont été formés on prend les gagnants de chacun pour faire un jeu final et voir quel joueur sera le vrai gagnant.

SIMPLE COURSE DE RELAIS

De 10 à 100 joueurs.

Cours de récréation ; salle de gymnastique.

On choisit comme but un mur ou une barrière ; on peut aussi prendre comme but une ligne tracée sur le sol ou un objet comme but de chaque équipe, autour duquel doit courir chacun des joueurs qui la composent.

De 15 à 20 mètres de distance, derrière ce but, et parallèlement on tire une ligne qui sera la ligne de départ. Les joueurs sont divisés en deux ou trois groupes égaux. Chaque groupe se met en file derrière la ligne de départ. Si possible, il doit y avoir au moins 1 m. 50 de distance entre chaque file de côté. Le premier joueur de chaque file touche du pied la ligne de départ et, à un signal, court vers le but, le touche de la main si c'est un mur ou une barrière ; du pied si c'est une ligne sur le sol, ou en fait le tour si c'est un objet.

Il retourne alors à sa ligne et touche la main étendue du second joueur qui s'est avancé pour toucher du pied la ligne de départ. Dès qu'il a été touché, ce joueur à son tour, court, touche le but et revient de la même façon que le premier.

Chaque joueur qui revient prend place au bout de la file et la file remonte chaque fois d'une place. La file gagnante est celle dont le dernier coureur franchit la première ligne de départ à son retour. Si l'on veut, chaque coureur peut tenir à la main un drapeau et le passer au suivant, au lieu de lui toucher simplement la main. Ce drapeau ne doit pas avoir de hampe ce qui pourrait faire mal au joueur qui le reçoit. C'est une faute que de franchir la ligne de départ sans avoir été touché par le coureur qui revient. Il faut que le joueur recommence.

Observations

Quand ce jeu est joué strictement d'après le code sportif, le premier départ est fait en réponse aux signaux :

(1) « Toucher la ligne. »
(2) « Préparez-vous. »
(3) « Partez. »

Dans des concours de cette sorte, dépasser la ligne de départ avant d'avoir été touché constitue une faute, ainsi que de toucher l'objet représentant le but autour duquel les joueurs doivent courir. Il devrait y avoir pour chaque équipe un arbitre qui constaterait les fautes commises et deux arbitres à la ligne terminus. L'équipe gagnante est celle qui termine le jeu avec le moins de fautes.

STEEPLE-CHASE

Un but est marqué à chaque extrémité du terrain de jeu. A mi-chemin entre les buts, une massue est placée ; on peut y substituer un mouchoir, une pierre ou un haltère. Sur la même ligne que la massue on trace une base de départ sur chaque ligne de but.

Les joueurs sont divisés en deux équipes égales, chacune ayant un capitaine. Chaque équipe prend place sur un des buts. Le but du jeu est pour l'un des joueurs d'attraper la massue et de retourner à son but avant qu'un joueur du but opposé le touche, les deux quittant leur base de départ sur un signal donné par l'arbitre. Les joueurs de chaque équipe courent chacun leur tour, le capitaine de l'équipe les nommant chaque fois.

Les capitaines désignent les premiers joueurs par tirage au sort ; celui qui gagne désigne le premier coureur, qui prend place sur la base de départ, puis le capitaine de l'équipe opposée nomme le coureur qui sera son adversaire ; en faisant le choix du second coureur, le capitaine s'efforce de nommer un joueur aussi habile ou supérieur au premier. Ensuite les capitaines désignent à tour de rôle le premier coureur.

Les premiers coureurs ayant été désignés par leur capitaine respectif et s'étant placés sur les bases de départ, ils courent dès que le signal est donné ; les joueurs peuvent atteindre la massue ensemble et faire de nombreux faux mouvements avant que l'un d'eux attrape la massue et s'en retourne à son but. S'il réussit à atteindre son but avant que le joueur de l'autre équipe ne l'ait touché, son équipe compte un point. S'il est touché avant d'être rentré avec la massue, l'autre marque un point. Dans les deux cas, les deux joueurs rentrent dans leur équipe respective.

Quand chaque joueur a couru une fois, les équipes changent de but et courent une deuxième fois. L'équipe gagnante est celle qui a le plus grand nombre de points à la fin du second tour.

TAPE JACK

De 10 à 30 joueurs.

On choisit un joueur qui « y est ». Les autres joueurs forment le cercle ; celui qui « y est » court extérieurement autour du cercle et tape sur le dos de quelqu'un, puis continue sa course. Celui qui a été touché court immédiatement dans la direction opposée. Quand les deux se rencontreront, ils se feront une grande révérence puis, se dépassant, essaieront de gagner la place vacante dans le cercle. Celui qui l'atteint en premier y reste ; l'autre « y est ». La révérence terminée, les joueurs doivent joindre les talons avant de repartir. A la place de la révérence on peut faire d'autres mouvements, surtout des mouvements de gymnastique, — ils peuvent aussi se secouer trois fois les mains en frappant des mains entre chaque coup ou faire n'importe quelle chose ingénue que le professeur suggèrera.

Pour les tout-petits enfants, il est préférable de rendre le jeu aussi simple que possible en supprimant la révérence et en les faisant simplement passer l'un contre l'autre ; épaule droite contre épaule droite.

« TOUCHE » INDIEN

(*Hindoo Tag*)

Nombre illimité de joueurs.

Le joueur qui « y est » a à la main un bâton pas trop dur, ou un morceau de corde, avec lequel il essaie de toucher un autre joueur. Les joueurs sont tabou (c'est-à-dire sauvé) en se plaçant le front contre terre. Si le joueur est frappé avant que son front ne touche le sol, il prend à son tour le bâton ou la corde. S'il est frappé par erreur avec le front sur le sol, il a le droit de prendre le bâton et de donner un coup franc à l'autre.

« TOUCHE » JAPONAIS

(*Japanese Tag*)

Un joueur est chasseur ou « y est ». Il doit alors essayer de toucher un autre joueur qui à son tour « y est ». Quand un joueur est « touché » il doit placer sa main gauche sur la place touchée, soit la tête, le dos, le genou ou le coude ou n'importe quelle autre partie de son corps et dans cette position il doit chasser les autres. Il ne peut quitter cette position que lorsqu'il a touché à son tour un autre joueur.

« TOUCHE » PAR COUPLES

4 à 100 joueurs.

A l'intérieur, dehors ou salle de classe.

Tous les joueurs sauf deux se donnent le bras par couples. Un des deux qui sont libres « y est », et l'autre est le coureur. Le coureur peut se mettre à l'abri en prenant le bras de n'importe quelle personne du couple qu'il choisit. Quand il fait ceci, la troisième personne du groupe devient le coureur et doit se mettre à l'abri de la même façon. Si le coureur est touché, il « y est » et celui qui « y était » devient le coureur. Pour que ce jeu soit un vrai sport les couples devraient courir et se tourner dans tous les sens, et faire toutes sortes de manœuvres pour éviter le coureur qui peut à n'importe quel moment prendre le bras de l'un d'eux et rendre l'autre le coureur. Pour un grand nombre de joueurs il devrait y en avoir plus d'un qui « y est » et plusieurs coureurs.

TU REMUES

5 joueurs ou davantage.

On trace sur le sol deux lignes parallèles séparées par 15 mètres ou davantage. Un joueur conduit le jeu, il se tient sur une ligne, tournant le dos aux autres. Les autres joueurs se mettent en rang sur l'autre ligne. Le conducteur compte jusqu'à dix aussi rapidement qu'il le peut. Pendant ce temps, les autres joueurs avancent pour essayer de traverser la ligne sur laquelle se tient le conducteur. Quand il a fini de compter, il se retourne et tous les autres joueurs qu'il voit en mouvement doivent retourner à leur ligne de départ et recommencer. Le dernier joueur à traverser la ligne remplace celui qui compte.

VOLER LES BATONS

Le terrain est divisé en deux parties égales, à l'arrière de chacune desquelles on marque un petit but sur lequel on place six bâtons.

Chaque joueur qui atteint le but ennemi peut emporter un bâton à son propre but ; pendant son trajet de retour avec le bâton, il ne peut pas être attrapé. Si un joueur est attrapé en territoire ennemi avant d'atteindre le but, il est prisonnier de l'ennemi et y reste jusqu'à ce qu'un joueur de son équipe le délivre en le touchant ; dans ce cas, aucun d'eux ne peut être attrapé pendant le trajet de retour à son but.

Aucun joueur ne peut attraper un adversaire, sauf comme il est décrit. Aucun bâton ne peut être pris par un joueur tant qu'un prisonnier de son équipe n'est pas délivré.

Le jeu est gagné par l'équipe qui prend tous les bâtons.

ÉPREUVE DECATHLON POUR JEUNES FILLES

ÉPREUVE	RECORD A Age 7-11	RECORD B Age 11-14
1. Traction.............	2 fois	4 fois
2. Course de 40 mètres...	9 sec.	8 sec.
3. Saut en hauteur et extension de bras...	20 cm.	30 cm.
4. Lancement du basket-ball, longueur......	12	15
5. Service de Volley-ball.	10 fois	10 fois
6. Flexion du torse......	8 fois	10 fois
7. Lancement du base-ball précision...........	10 fois à 10 mètres	10 fois à 12 m.
8. Lancement du basket-ball précision.......	10 fois à 4m. 50	10 fois à 4m. 50
9. Flexion sur les bras...	4 fois	6 fois
10. La corde de 5 mètres...	7 sec.	5 sec.
Remarque: A substituer pour 1, 9, 10 Les Anneaux voyageurs...	12 anneaux	15 anneaux

EPREUVES POUR JEUNES FILLES

Epreuve 1. — *Traction.* — Pour commencer, se tenir debout sur le sol. Attraper la barre en sautant sans aide. Se soulever par la force des bras pour amener le menton à hauteur de la barre autant de fois que possible, en abaissant le corps de toute la longueur des bras entre chaque essai.

Nombre de points pour chaque réussite : A : 5 ; B : 2,5.

Epreuve 2. — *Course de 50 mètres.* — Partir en se baissant ; temps compté à partir du signal donné par le starter — claquement des mains — jusqu'au moment où le joueur touche de son corps le ruban formant but. Déduire un point pour chaque 5" de seconde au-dessous de la classification.

Epreuve 3. — *Sauter et atteindre.* — Le joueur se tient avec un côté contre un mur, et, sans soulever les talons, essaye de toucher le plus haut possible avec la main. On marque l'endroit où il touche. Alors il saute et touche le mur aussi haut que possible ; l'endroit qu'il touche est marqué. On mesure la distance entre les deux endroits marqués. Une toise sur le mur aide à mesurer les sauts. Cinq sauts sont permis et le meilleur saut gagne. Déduire un point pour chaque centimètre au-dessous de la classification.

Epreuve 4. — *Lancement du basket-ball pour la distance.* — Le joueur est placé dans un cercle de deux mètres. Il lance avec une main et la distance est mesurée au bord du cercle, dans la direction du lancement, au point où la balle touche le sol. Le joueur peut faire trois essais et le meilleur compte. Déduire un point pour chaque mètre au-dessous de la classification.

Epreuve 5. — *Service du volley-ball.* — Le joueur est placé sur la dernière ligne de la cour. De cette position il doit frapper la balle de telle manière à la faire passer au-dessus du filet et tomber dans la cour opposée. Le joueur a dix essais.

Nombre de points pour chaque réussite : 1.

Epreuve 6. — *Flexion du torse.* — Le joueur s'étend sur le sol sur le dos, les bras croisés sur la poitrine. Ses jambes sont maintenues sur le sol par l'instructeur et le joueur doit soulever le tronc jusqu'à la position droite. Compter combien de fois le joueur a réussi ce mouvement.

Nombre de points pour chaque réussite : A : 1 ; B : 1,25.

Epreuve 7. — *Lancement du base-ball.* — Le joueur se tient debout derrière une ligne à 17 mètres du but. Il peut faire dix essais et l'on compte un point pour chaque lancement réussi.

Epreuve 8. — *Lancement du basket-ball précision.* — Le joueur est placé sur la ligne de pénalité, et de là doit essayer de lancer le ballon (basket-ball) dans le panier. Il doit rattraper la balle entre chaque essai, au vol ou après un premier bond. Le ballon est relancé de l'endroit où il a été rattrapé, le joueur ayant dix essais. Au cas où le joueur manque de rattraper la balle il doit retourner à la ligne de pénalité pour le prochain essai.

Donnez un point pour chaque réussite.

Epreuve 9. — *Flexion sur les bras.* — En partant dans la position debout, le joueur plie les genoux, place ses mains sur le sol, étend les jambes en arrière et abaisse et soulève le corps en se servant des bras. Compter combien de fois le joueur a réussi la flexion.

Nombre de points pour chaque réussite : A : 2,5 ; B : 1,67.

Epreuve 10. — *La corde.* — Compter le temps à partir du saut du joueur jusqu'au moment où il touche la barre par laquelle la corde est maintenue.

Déduire un point pour chaque cinquième de seconde au-dessous de la classification.

ou *Anneaux voyageurs.* — (Pouvant être substitué à n'importe quel exercice des bras). En partant d'une plate-forme, les joueurs doivent glisser d'anneau en anneau sans toucher le sol. Compter le nombre d'anneaux atteints par le joueur sans toucher le sol.

Déduire un point pour chaque anneau au-dessous de la classification.

Remarque. — Dix points sont le maximum possible dans chaque épreuve, si on atteint ou dépasse la classification.

SÉRIE D'ÉPREUVES POUR UN CONCOURS SPORTIF

Garçons au-dessous de 14 ans

ÉPREUVES	CLASSIFICATION			
	A 25 kgs	**B** 30 kgs	**C** 35 kgs	**D** Illimité
1. Traction.................	5 fois	6	7	8
2. Course de 50 mètres.....	8 sec.	7 3/5	7	6 4/5
3. *a)* Coup de pied tombé. *b)* Coup de pied précision comme dans le jeu de soccer.	5 fois	5	5	5
4. Saut en hauteur avec élan.	m. 1.06	1.20	1.30	1.40
5 Saut en longueur avec élan.	m. 3.30	3.60	3.80	4.00
6. Coup de pied au ballon...	m. 22	24	28	30
7. Flexion sur les bras.....	8 fois	10	12	15
8. Flexion du torse.........	8 fois	10	12	15
9. Lancement du basket-ball précision............	10 fois	10	10	10
10. Lancement du basket-ball distance................	m. 15	16	18	20
11. Anneaux voyageurs (*pouvant être substitué à n'importe quel exercice des bras*)...................	15 an.	18 an.	20 an.	25 an.

REGLEMENT

Epreuve 1. — *Traction.* — Pour commencer se tenir debout sur le sol. Attraper la barre en sautant sans aide. Se soulever par la force des bras pour amener le menton à la hauteur de la barre autant de fois que possible, en abaissant le corps de toute la longueur des bras entre chaque essai.

Nombre de points pour chaque réussite : A : 2 ; B : 1,67 ; C : 1.43 ; D : 1,25.

Epreuve 2. — *Course de 50 mètres.* — Partir en se baissant ; temps compté à partir du signal donné par le starter — claquement des mains — jusqu'au moment où le joueur touche de son corps le ruban formant but. Déduire un point pour chaque cinquième de seconde au-dessous de la classification.

Epreuve 3. — *a) Coup de pied tombé.* — Le joueur est placé à 20 mètres du but et peut faire cinq essais. La balle, lancée à la main, doit être renvoyée par le pied au moment où elle touche le sol. La balle doit passer entre les poteaux au-dessus de la barre. Il n'y a pas de limite de hauteur.

Nombre de points pour chaque réussite : 2.

b) Coup de pied précision, comme dans le jeu de Soccer. — Le ballon est placé sur la ligne de pénalisation, à 15 mètres du centre du but. Le joueur peut faire cinq essais. De la ligne de pénalisation le ballon doit être envoyé par coup de pied, il doit passer entre les poteaux et sous la barre sans toucher le sol.
Nombre de points pour chaque réussite : 2.

Epreuve 4. — *Saut en hauteur avec élan.* — On commence en plaçant la barre à un mètre, puis on élève la barre ; le joueur doit franchir chaque hauteur. S'il manque trois fois de suite il gagne seulement le nombre de points attribué pour la dernière hauteur franchie. Déduire un demi-point pour chaque cm. en dessous de la classification

Epreuve 5. — *Saut en longueur avec élan.* — Le joueur peut faire trois essais et le plus long est compté comme son record. Déduire un cinquième de point pour chaque centimètre au-dessous de la classification.

Epreuve 6. — *Coup de pied au ballon.* — La balle est placée sur la dernière ligne du terrain. La distance est calculée de cette ligne au premier point où la balle touche de nouveau le sol. Trois essais sont autorisés et le meilleur est pris comme record. Déduire un point pour chaque mètre au-dessous de la classification.

ÉPREUVE 7. — *Flexion sur les bras.* — En partant de la position debout le joueur plie les genoux, place ses mains sur le sol, étend les jambes en arrière et abaisse et soulève le corps en se servant de ses bras.

Compter combien de fois le joueur a réussi la flexion.

Nombre de points pour chaque flexion : A : 1,25 ; B : 1 ; C : 0,84 ; D : 0.67.

ÉPREUVE 8. — *Flexion du torse.* — Le joueur s'étend sur le sol sur le dos, les bras croisés sur la poitrine. Ses jambes sont maintenues sur le sol par l'instructeur et le joueur doit soulever le tronc jusqu'à la position droite.

Compter combien de fois le joueur a réussi ce mouvement.

Nombre de points pour chaque réussite : A : 1,25 ; B : 1 ; C : 0,84 ; D : 0,67.

ÉPREUVE 9. — *Lancement du base-ball précision.* — Le joueur se tient debout derrière une ligne à 17 mètres du but. Il peut faire dix essais et l'on compte un point pour chaque lancement réussi.

ÉPREUVE 10. — *Lancement du basket-ball pour la distance.* — Le joueur est placé dans un cercle de deux mètres. Il lance avec une main et la distance est mesurée du bord du cercle, dans la direction du lancement, au point où la balle touche le sol. Le joueur peut faire trois essais et le meilleur compte. Déduire un point pour chaque mètre au-dessous de la classification.

ÉPREUVE 11. — *Anneaux voyageurs.* — (Pouvant être substitué à n'importe quel exercice des bras). En partant d'une plate-forme ou d'un objet formant plate-forme les joueurs doivent glisser d'anneau en anneau sans toucher le sol.

Compter le nombre d'anneaux atteints par le joueur sans toucher le sol. Déduire un point pour chaque anneau au-dessous de la classification.

N. B. — Dix points sont le maximum possible dans chaque épreuve, si on atteint ou même si on dépasse la classification.

Tableau Récapitulatif des points. Lieu ....

Epreuves Decathlon des Jeunes Filles. Date ....

NOM	Pds.		ÉPREUVES										TOTAL
			Traction 1	Course 40 m. 2	S. H. E. B. 3	L. BB. Long. 4	S. V.-B. 5	Flex. Torse 6	L. BB. Préc. 7	L. Bask. B. Préc. 8	Flex. Bras 9	Corde 5 m. 10	
		RECORD											
		POINTS											
		RECORD											
		POINTS											
		RECORD											
		POINTS											
		RECORD											
		POINTS											
		RECORD											
		POINTS											
		RECORD											
		POINTS											
		RECORD											
		POINTS											
		RECORD											
		POINTS											

Tableau Récapitulatif des points. Lieu ....

Epreuves Decathlon des Garçons. Date ....

NOM	Pds.		ÉPREUVES										TOTAL
			Traction 1	Course 50 m. 2	C. P. T. 3	S. H. 4	S. L. 5	C. P. D. 6	Flex. bras 7	Flex. torse 8	L. B. 9	L. BB. 10	
		RECORD											
		POINTS											
		RECORD											
		POINTS											
		RECORD											
		POINTS											
		RECORD											
		POINTS											
		RECORD											
		POINTS											
		RECORD											
		POINTS											
		RECORD											
		POINTS											
		RECORD											
		POINTS											

INSTALLATION DE TERRAINS DE JEUX

EMPLACEMENT

A. — CONSIDÉRATIONS.

Le choix de l'emplacement d'un terrain de jeux devra toujours être étudié et déterminé selon les conditions locales. Un terrain idéal sera celui où les enfants pourront se rendre seuls, durant leurs heures de liberté, et par conséquent d'accès facile à ceux des quartiers populeux, en évitant autant que possible de leur faire traverser des lignes de chemin de fer ou de tramway. La majeure partie des enfants qui fréquentent les terrains de jeux étant d'âge scolaire, il importe que l'endroit choisi pour l'installation soit à proximité des écoles.

B. — GRANDEUR ET FORME.

La dimension d'un terrain de jeux dépend naturellement de l'espace dont on dispose et du nombre d'enfants auxquels il devra servir. Un minimum de 5 mètres carrés par enfant est une excellente base d'appréciation. Un terrain rectangulaire se prêtera mieux à l'installation des jeux qu'un terrain carré ou de forme irrégulière.

Pour un terrain non divisé, à l'usage des deux sexes à des heures différentes et contenant tous les éléments nécessaires pour les jeux, un emplacement de 60 × 100 mètres est suffisant.

Pour un terrain divisé, à l'usage des deux sexes, aux mêmes heures, il faut prévoir 100 mètres × 150 mètres.

C. — CONDITIONS DU SOL.

On ne saurait attacher trop d'importance à ce fait qu'un terrain de jeux diffère d'un jardin public, en ce qu'il ne doit avoir ni monts ni creux, mais une bonne surface, unie sur toute son étendue. Les frais de nivelage et de remblai d'un terrain accidenté étant très onéreux, il est plus économique de se procurer tout d'abord un terrain ayant une surface unie.

Il conviendra également de s'enquérir de la proximité de l'eau, du gaz et de l'électricité, si toutefois ces services existent dans le voisinage.

D — SURFACE ET TRAITEMENT DU SOL.

Une surface idéale pour un terrain de jeux est celle présentant une inclinaison d'un mètre sur 100, ayant un sol assez uni, doux et élastique, exempt de boue et de poussière. Les frais que nécessitera la surface d'un terrain dépendant entièrement de l'état même du sol. Si l'on peut trouver un terrain formant pelouse, la question est toute résolue, hors la coupe et le roulage du gazon. Cette solution toutefois n'est pas très pratique pour un terrain très fréquenté et qui par suite devra fonctionner continuellement.

Pour un terrain dont le sol a besoin d'être refait après nivelage, plusieurs méthodes peuvent être employées. Au point de vue économique, le machefer d'usine est de grande utilité étant donné qu'il peut être obtenu gratuitement, sauf en ce qui concerne le transport. Il sera employé brut, étendu sur une couche de 20 centimètres, bien roulé, et recouvert d'une autre couche de machefer fin, passé au crible et bien tamponné. On doit tenir compte cependant que le machefer donne une surface malpropre et qu'on ne devra l'employer que pour raison de stricte économie.

Un meilleur résultat sera obtenu en remplaçant la seconde couche de machefer fin, par un gravier criblé et bien tamponné, sur une épaisseur de 3 centimètres environ. Dans certains centres miniers, les résidus de mines, qui ne coûtent également que les frais de transport, ont donné d'excellents résultats. S'ils sont criblés et roulés, et étendus sur une épaisseur de 20 centimètres, on pourra ensuite les recouvrir d'une couche de 5 centimètres environ de pierre finement pulvérisée, puis fortement roulée.

Si les fonds disponibles le permettent, on obtiendra un terrain réellement sec, en établissant un système de drainage au moyen de rigoles faites avec des tuiles non cimentées, enclavées dans le sol, sous les deux couches de surface et conduisant l'eau aux coins du terrain dans des puisards.

Aucun apprêt de surface n'a vraiment été trouvé qui donne entière satisfaction, ordinairement, pour raison d'économie, il est nécessaire de se servir des matériaux disponibles dans le voisinage, en s'efforçant de remplir au mieux les conditions de drainage, l'élimination des poussières et des pierres coupantes qui endommagent les ballons et les mains des enfants.

E. — PLAN ET DIVISION DU TERRAIN.

Une grande partie de l'efficacité d'un terrain de jeux bien situé est quelquefois diminuée par une mauvaise installation. La construction d'un abri au centre du terrain et la distribution irréfléchie des appareils de jeux entravent naturellement les espaces libres destinés aux jeux. La division suivante en trois parties a donné les résultats les plus satisfaisants :

1) Un abri placé près de l'espace réservé aux petits enfants ;

2) Concentration des appareils de jeux et de gymnastique dans un seul endroit ;
3) La plus grande partie de l'espace libre réservée à l'emplacement des courts de jeux de ballons et de jeux de groupes, — cet espace entouré d'une piste.

Cette distinction s'applique également aux terrains *divisés* ou *non divisés*. Dans le cas d'un terrain divisé, l'abri devra être placé près de l'entrée du terrain et au centre de la ligne de démarcation des terrains de jeux.

F. — Embellissement du terrain.

Il est indispensable, au point de vue de la surveillance, qu'un terrain de jeux soit entièrement clos, mais il est préférable d'employer une clôture à claire-voie qui permette au public de voir ce qui s'y passe. La plus économique est une clôture faite de poteaux de fer ou de bois entrelacés de fil de fer, d'une hauteur de 2 m. 50. Elle peut être enjolivée de place en place, par des fleurs grimpantes ou de la vigne vierge. Une certaine partie d'ombre est toujours nécessaire ; une bordure d'arbres sur les quatre côtés du terrain sera donc souhaitable ; sans être nuisible aux jeux, elle donnera de l'ombre aux spectateurs et de la fraîcheur pour le repos des enfants entre les jeux. On pourra planter des arbres ou des arbustes dans les coins et à l'entrée du terrain, mais il faudra éviter d'en mettre aux endroits où ils pourraient faire obstacle à la vue d'ensemble du terrain, nécessaire pour une surveillance efficace.

Les arbustes fleuris devront être employés de préférence, car il ne faut pas perdre de vue qu'un terrain de jeux doit présenter un aspect gai et attrayant aux yeux des enfants. L'effet peut être complété en choisissant soigneusement des peintures de couleurs vives pour les appareils de jeux, pour les garnitures des fenêtres et les portes du bâtiment. Un vert clair, un bleu et blanc, et une combinaison de rouge et jaune, s'il y a beaucoup de verdure, donnent généralement un excellent effet.

APPAREILS DE JEUX

Le succès d'un terrain de jeux dépend beaucoup du choix des appareils de jeux. Le choix de ces appareils sera laissé aux soins de la directrice qui sera seule capable d'en estimer le nombre nécessaire d'après les dimensions du terrain en tenant compte de la préférence des enfants pour chaque genre d'appareil. Le succès d'un terrain ne dépend pas entièrement de l'usage d'appareils de gymnastique perfectionnés, mais le plus souvent d'une installation d'appareils de jeux soigneusement sélectionnés en vue de procurer du plaisir aux enfants et de contribuer en même temps à leur développement physique et moral.

Malheureusement, le choix d'appareils de jeux disponibles en Europe est restreint et de qualité médiocre. Des calques bleus pourront être fournis sur demande montrant différentes pièces d'appareils de jeux pouvant être faites sur commande, plus solides et à meilleur compte que celles que l'on trouve toutes faites.

COURTS DE JEUX

Le choix des jeux aussi sera naturellement laissé aux soins de la Directrice, ou surveillante, car il n'est pas toujours possible de faire jouer en même temps tous les différents jeux de ballon.

C'est un grand problème que d'arranger les courts de façon économique pour laisser assez d'espace aux jeux de groupes. Les jeux nécessitant des courts marqués sont généralement les suivants : Basket-ball, Volley-ball, Bat-ball, Base-ball, Tennis et Jeu de Paume. A l'exception du tennis et du jeu de Paume, — le premier demandant un terrain spécial et l'autre un fronton permanent, — on peut se servir plus économiquement de tous les autres jeux si leurs emplacements sont temporaires. Il est aussi possible pour le moniteur ou la monitrice de faire jouer sur un terrain minimum de 60 × 100 mètres tous les jeux qu'il juge nécessaires, les choisissant et les remplaçant comme il lui convient.

Pour une installation de ce genre, il convient d'employer des poteaux mobiles de Basket-ball et de Volley-ball et un tracteur au plâtre sec. Cet arrangement présente un autre avantage, consistant à déblayer le terrain complètement en peu de temps, les poteaux une fois enlevés, le terrain entier devient libre pour les exercices et les jeux de groupes.

On prendra soin, en indiquant les courts, que le soleil ne gêne pas les joueurs, ces courts devant être tracés du nord au sud. Le carré du Base-ball sera indiqué sur la partie la plus retirée du terrain afin d'éviter que la balle atteigne les autres joueurs.

PISTE

La valeur d'une piste circulaire est très aléatoire. Il est presque impossible, sans faire une grosse dépense, d'en installer une ayant des virages appropriés et des parcours réglementaires. Une bande de terrain de 3 à 4 mètres de largeur, entourant le terrain de jeux, sur laquelle sera tracé au centre un chemin d'un mètre de largeur, fournira une ligne droite de 50 à 75 mètres de longueur, et constituera une piste très suffisante pour les exercices de courses.

CONSEILS SUR L'EQUIPEMENT

Le détail suivant donnera une idée des appareils de gymnastique et de jeux nécessaires pour un terrain *divisé* en trois parties. Cette liste ne contient ni le minimum ni le maximum, mais elle constitue une référence d'installation. Son prix approximatif serait de quinze mille francs, sans piscine.

Pour le terrain des petits enfants.

1) *Une boîte à sable,* de 4 à 6 m. Les bords de cette boîte devront former un banc de 50 centimètres de largeur sur 25 de hauteur pour permettre aux enfants de faire des pâtés. Il est préférable de placer cette boîte à l'ombre. Quatre mètres cubes de sable fin, entassés dans le milieu seront suffisants, à condition que ce sable soit remplacé tous les trois mois environ. Il a été reconnu que le sable entassé dans cette boîte ne peut propager la contagion. A Chicago, en Amérique, des recherches approfondies ont été faites à ce sujet et l'analyse de sable ayant servi durant trois mois à différents enfants a eu un résultat absolument négatif au point de vue microbes. Le sable contenu dans cette boîte devra être ratissé une fois par jour et les détritus enlevés. Pendant les grandes chaleurs, on devra l'humecter pour faciliter le tassement.

2) *Un portique* de 6 mètres de long, comprenant trois petites balançoires à sangle et traverses pour éviter les chutes ; deux cordes à nœuds.

3) *Une glissoire,* genre toboggan, en bois et métal, d'une hauteur de 2 mètres sur 4 mètres de longueur, et juste assez large pour permettre qu'un seul enfant descende à la fois.

4) *Une piscine,* d'environ 15 mètres de circonférence sur 50 centimètres de profondeur.

Terrain pour les garçons de 7 a 14 ans

Un portique de 12 mètres de long, équipé comme suit :

- 6 anneaux voyageurs, ou anneaux volants ;
- 2 cordes, une à nœuds et une lisse ;
- 1 trapèze ;
- 1 échelle de corde ;
- 2 balançoires.

Ce portique devra avoir 3 m. 50 à 4 mètres de hauteur et sera monté dans un emplacement entouré de planches, de 2 centimètres 1/2 d'épaisseur sur 15 de hauteur, fixées au sol par des piquets de bois, assez rapprochés les uns des autres et dont la pointe aura été goudronnée préalablement. L'emplacement ainsi formé sera rempli avec du sable de rivière ou de la sciure de bois pour amortir les chutes possibles.

Une barre fixe, qui devra être installée comme le portique.

Un pas de géant.

Un cheval à arçons.

Une barre parallèle, mobile.

Une paire de poteaux de sautoir réglementaires pour les sauts en hauteur et en largeur. L'emplacement sera installé comme pour la barre fixe, mais avec trois côtés seulement. Le point de départ sera indiqué par une solive placée au niveau du sol.

Une paire de poteaux de basket-ball, avec équipement complet (poteaux mobiles, cercles et filets et 2 ballons).

Un filet de tennis avec poteaux mobiles et 6 balles.

Une paire de buts de foot-ball mobiles et 2 ballons.

TERRAIN DES FILLES DE 7 A 14 ANS.

L'équipement sera le même que pour les garçons, à l'exception des buts de foot-ball, et l'on remplacera le jeu de base-ball par des jeux de ballons.

ABRI OU BATIMENT

Il est nécessaire qu'un terrain de jeux bien organisé possède un bâtiment qui servira d'abri en cas de mauvais temps, de bureau pour la directrice ou surveillante, et où des lavabos seront installés. La disposition et le caractère de ce bâtiment dépendant entièrement de l'argent dont on pourra disposer, il pourra comprendre, depuis l'installation d'une tente avec toilettes à l'extérieur, jusqu'au pavillon en briques renfermant toutes les commodités requises pour former un centre social.

Pour rendre des services réellement pratiques, ce bâtiment devra avoir trois parties fondamentales :

1). Une grande salle de jeux garnie de chaises, de tables, de rayons pour les livres et de jeux tranquilles ;

2) Un bureau pour la Directrice avec magasin attenant pour le matériel de jeux ;

3) Des lavabos avec W.-C. et douches.

S'il s'agit de grands terrains de jeux, on y adjoindra un logement pour le concierge et sa femme, ainsi qu'une salle de repos et une autre pièce pour la visite médicale.

Ce bâtiment devra être construit, si possible, près de l'entrée principale du terrain et placé de façon que la directirce puisse avoir une vue complète sur le terrain. On tiendra aussi compte que le bâtiment devra avoir assez de hauteur et de largeur pour permettre les jeux de filets, comme le volley-ball par exemple.

Des cadres garnis de gros treillage devront être fixés devant les fenêtres pour protéger les vitres.

ACCESSOIRES

Fontaines. Des fontaines à eau potable devront être placées à la portée des enfants sur les terrains afin de leur éviter de retourner au bâtiment.

Sièges. Il faut penser que les parents des enfants ainsi que d'autres personnes seront susceptibles de venir chaque jour, soit pour surveiller leurs jeunes enfants, soit pour suivre les jeux des plus âgés. Des bancs fixes devront donc être mis à leur disposition sur le terrain des petits enfants, près de la boîte de sable et de la piscine, et d'autres espacés le long des terrains sous les arbres.

Prises d'eau. Pour les grands terrains, on devra installer de distance en distance, sur les côtés, des prises d'eau avec un tuyau d'arrosage de 50 mètres de longueur environ pour abattre la poussière.

Eclairage. Si l'électricité est convenablement installée, le terrain de jeux pourra rendre des services aux jeunes gens et jeunes filles plus âgés, mais il sera préférable de mettre les fils électriques sous le sol afin que les ballons ne les atteignent pas.

Outils. Pour le bon entretien du terrain et du bâtiment, les outils suivants seront mis à la disposition du gardien : râteau, pelle, marteau, pince, tourne-vis, scie, clef à vis, mallet, échelle, balai, baquet, brouette, double décamètre, traceur, avec 5 sacs de plâtre pour marquer les courts et des pelotes de ficelle.

Pharmacie. Une petite trousse de secours avec pharmacie devra toujours être à portée et tenue en parfaite condition.

H.-O. Warner,
Directeur de Construction de Terrains de Jeux,
Junior American Red Cross.

8 Mars 1922.

TABLE DES MATIÈRES

CAHORS, IMPRIMERIE COUESLANT (*personnel intéressé*). — 26.789

www.ingramcontent.com/pod-product-compliance
Ingram Content Group UK Ltd.
Pitfield, Milton Keynes, MK11 3LW, UK
UKHW020307180726
13839UKWH00001B/403